本研究得到陕西省社会科学基金资助（立项号：07A007Z）

中国现行征地制度下失地农民经济权益损失研究

Zhongguo Xianxing Zhengdi Zhiduxia Shidi Nongmin Jingji Quanyi Sunshi Yanjiu

马新文 著

中国社会科学出版社

图书在版编目(CIP)数据

中国现行征地制度下失地农民经济权益损失研究/马新文著.—北京：中国社会科学出版社，2015.9

ISBN 978－7－5161－5974－3

Ⅰ.①中… Ⅱ.①马… Ⅲ.①土地征用—农民—经济利益—损失—研究—中国 Ⅳ.①F321.1

中国版本图书馆CIP数据核字（2015）第081320号

出 版 人 赵剑英
选题策划 侯苗苗
责任编辑 侯苗苗
责任校对 周晓东
责任印制 王 超

出 版 中国社会科学出版社
社 址 北京鼓楼西大街甲158号
邮 编 100720
网 址 http：//www.csspw.cn
发 行 部 010－84083685
门 市 部 010－84029450
经 销 新华书店及其他书店

印刷装订 北京金瀑印刷有限责任公司
版 次 2015年9月第1版
印 次 2015年9月第1次印刷

开 本 710×1000 1/16
印 张 9.75
插 页 2
字 数 155千字
定 价 36.00元

前　言

20 世纪 90 年代以来，中国的工业化建设取得了令人瞩目的成就，但同时也产生了一系列尖锐的问题。其中，失地农民经济权益损失就是一个特别突出的问题，集中表现在农民失去土地的速度过快、规模过大、失地农民人数剧增。虽然失地农民得到了一定的征地补偿、相关安置和就业机会，但是，由于征地制度不完善，征地补偿范围小、标准低，失地农民所得到的补偿，与土地价值、土地非农化后的增值以及 GDP 的增长相比，严重偏低；再由于征地行为的垄断性，征地收益分配格局的不合理，政府占 60%—70%，集体占 25%—30%，农民仅占 5%—10%，农民的生存权受到威胁；还由于社会保障制度的不完善，失地农民成为“流民”，沦为社会“边缘人”，承受着身份歧视、职业歧视、工作待遇歧视等方面的压力，他们的发展权受到严重挑战，工业化使农民付出了太多的代价。国务院发展研究中心副主任陈锡文尖锐地指出，如果计划经济时代的“剪刀差”让农民付出了 6000 亿—8000 亿元的代价，那么改革开放以来的工业化进程的低价征地，最少使农民蒙受了 2 万亿元的损失。

失地农民经济权益损失问题不仅是经济问题，也是社会问题，它将制约中国工业化的进一步发展，它已经引起了一些社会矛盾，形成了一定的社会对抗力量。一系列不断加剧的失地农民与用地单位的矛盾冲突，一系列不断加剧的失地农民与地方政府的矛盾冲突等事件，都说明了这个问题的严重性。以失地农民经济权益损失为代价换来的工业化，很可能动摇中国经济快速发展以及社会稳定的根基，它已经引起了社会各界的高度关注。

我们党和政府历来很重视农民发展问题。2004 年底，中央政府出台了《国务院关于深化改革严格土地管理的决定》（即国务院28号文件），提出征地补偿要保证被征地农民生活水平不因征地而降低，长远生计有保障的要求；十七届三中全会又提出，在新的形势下推进农村改革，必须遵循“切实保障农民权益”的重大原则，把实现好、维护好、发展好广大农民根本利益作为农村一切工作的出发点和落脚点。

因此，作者从马克思主义的基本立场——维护民众权益出发，坚持马克思的经济正义观，以马克思的辩证唯物主义与历史唯物主义的观点方法为指导，借鉴西方产权理论与经济正义理论的一些工具性研究成果，设计五章内容研究中国现行征地制度下失地农民经济权益损失问题。

第一章，运用现状描述法，借助大量文献数据描述失地农民经济权益损失的程度。

第二章，分析指出失地农民经济权益损失有多重原因。直接原因在于中国现行征地制度的弊端，现行征地制度有太多计划经济时代的色彩，缺乏从农民长期发展需要的角度出发来设计征地补偿方式，如“公共利益”界定不清，征地范围过宽；征地补偿范围小，补偿标准低，补偿方式单一；征地程序不规范。深层原因在于农地产权制度的不完善，主要是农地产权主体多元化，这种多元化的集体主体，导致征地实际中的权力博弈并引起征地收益分配的不公平，损害了农民的部分权益。

第三章，根据马克思的经济正义观和西方其他学者的经济正义理论，从经济伦理学的角度界定认为，失地农民经济权益损失属于经济不正义，表现为农地资源初始分配不正义（历史），农地资源交换不正义（非市场化），农地价值占有不正义（权力介入导致农民土地财产权贫困）。经济伦理学研究的主题，是以“正义”的价值维度来考察经济的合理性与合目的性问题。“经济正义”则是从经济伦理角度研究制度伦理，它坚持任何经济制度安排都应包含正义的要求，任何经济制度安排都离不开道德责任，离不开对经济活动中人的命运的终极关怀。其基本原则是权利与义务的对等分配，根本目的是实现人类的最高幸福。马克思的经济正义观集中体现为，正义源于财产所有权制度；经济正义本质是实现人的全面发展；人的解放与生产力的发展程度密切相关，只有在正义的社会制度下，才能彻底根除各种社会不平等。西方其他学者如阿马蒂亚·森的“权利”“自由”正义理论，罗尔斯的“公平”正义理论，诺奇克的“矫正”正义理论，德沃金的“资源平等”正义理论，为我们解决失地农民经济权益损失问题的观念构建与制度建设提供了理论参考。

第四章，提出要解决失地农民经济权益损失问题，切实保障失地农民经济权益，首先是观念指导，如权利观、自由平等观、正义观等。权利、自由、平等是人的自然权利，是人类永恒的追求。尤其是财产权观念，它是伴随着人类文明的自然史而形成的，享受财产权是人成为人的要件之一，是确保人被当人对待的基本权利。财产权意味着人们有权采取经济行动以获得、利用和处置财产；财产权是生命权利的延伸，是人类自由与尊严的保障；财产权不是财产作为物的权利，而是人作为人支配物的权利；财产权不仅是人占有物质的权利，而且是精神的权利；财产权限制了政府的行动范围及统治者的专横意志；财产权是抵制统治权力扩张的最牢固的屏障。财产权成为自由、个人自治赖以植根和获取养料的土壤，它对人类的一切精神和物质文明的巨大进步产生了深远影响。

第五章，运用对比研究方法，研究比较了国内外土地征收制度的基本特征与差异，综合概括了国外主要发达国家土地征收制度的共性与伦理价值，提出我们要在坚持土地公有制的前提下，完善中国征地制度的构想。国外土地征收制度的设计，注重土地财产权的保护，公平正义原则体现在各个程序法和实体法中；采用完全补偿、合理补偿的原则，对公权进行严格的程序限制；征地双方协商，政府居中裁判，司法救济手段充分，体现了维护长远和代际利益的伦理价值观。中国征地制度的进一步完善，主要包括征地前提的界定，补偿方式的市场化，并逐步赋予农民土地财产权等方面。

结论是以维护民生为理念支撑的制度建设一定会收到预期的成效。

目　　录

绪　论

一　问题的提出

20 世纪 90 年代以来，中国工业化、城市化进展速度非常快，取得了巨大的成就。据《中国工业化进程报告》统计，到 2007 年，全年国内生产总值达到了 209407 亿元，按照汇率折算经济总量位列世界第四；全国城市总数从 1978 年的 193 个增加到 2005 年的 661 个，特大城市从 13 个增加到 54 个，大城市从 27 个增加到 85 个，中等城市从 59 个增加到 226 个，小城市从 115 个发展到 296 个；2005 年末，全国设市城市的建成区面积为 3.25 万平方公里，城市范围内人口密度为 870 人/平方公里；到 2006 年末，全国城市人口 5.7706 亿，城市化水平 43.9%，比 2005 年提高 0.9%。① 东南沿海地区的工业化、城市化的进程速度更快，其中以珠江三角洲、长江三角洲、环渤海湾三大都市群为最。随着工业化、城市化进程的加快，各地旅游观光区、高新技术开发区、经济建设区、大学城建区等一系列建设的“圈地运动”也顺势加快进行，征地成为各类建设用地的主要途径，大量耕地转为非农用地，耕地面积急剧减少。据国务院发展研究中心课题组的研究统计，1991—2005 年间，共征地 3389.3 万亩。按照《全国土地利用总体规划纲要》的设计，在 2000—2030 年的 30 年间，占用耕地将超过 5450 万亩。② 若按人

① 《中国发展报告·中国工业化进程报告》，2008 年 10 月，中国发展门户网（http://www.chinagate.cn）。

② 徐瑞娥：《中国失地农民的现状、原因与对策》，《经济研究参考》2006 年第 31 期。

均1亩地计算，将有5450万名农民失去土地并失业。

虽然工业化、城市化建设占地必不可免，如第二次世界大战后的台湾地区工业化，使土地面积下降了60%左右，日本工业化使得土地面积下降了40%左右。中国的工业化建设，使农民也享受到了工业化、城市化的便利，同时得到了征地补偿、相关安置和就业机会。但是，首先，由于征地补偿制度的不完善，即补偿标准低、补偿范围小、补偿方式单一，农民所得的补偿与土地价值、土地潜在价值、土地非农化后的增值以及GDP的增长相比偏低，而且征地收益分配格局不合理，征地收益的分配格局为政府占60%—70%，集体占25%—30%，农民仅占5%—10%[①]，农民基本的经济权益受到损害；其次，由于中国农民土地产权的缺失，现行征地制度的缺陷，征地管理及操作不规范等方面的原因，失地农民经济权益遭到诸多方面的剥夺；再次，由于农民社会保障不足，农民重新就业困难，失地农民成为一个新的社会群体，他们的生存与发展受到威胁，导致失地农民成为“三无”人员，沦为社会“边缘人”，承受着身份歧视、职业歧视、工作待遇歧视、社会保障歧视等压力。失地农民的发展权遇到挑战，失地农民的生存与发展成为一个重大的社会问题，他们的经济权益成为社会关注的焦点问题。

中国的工业化、城市化发展，很大程度上是行政权力推动的“人为秩序”的结果，很少源自经济社会发展的内在要求和市场机制作用下的“自然秩序”，所以，造成的土地资源重新占有不公，大量农民失去土地同时失业，由此难免会产生制度、文化、心理、价值观等方面的冲突，由此便形成了一定的社会对抗力量，引发了许多其他社会问题。据有关数据显示，自2001年以来，因征地不公引发的农民上访案件剧增，占农民上访案件总数的70%左右，而且大多数上访具有明显的组织性、集体性、对抗性和持久性；另据国土资源部透露，2002年上半年，群众反映征地纠纷、违法占地问题，占信访接待部门受理总量的73%。其中，40%诉讼的是征地纠纷问题，87%反映的是征地补偿和安置问题。仅2006年上半年，全国土地违法案件高达2.5153万起，涉及

① 徐瑞娥：《中国失地农民的现状、原因与对策》，《经济研究参考》2006年第31期。

土地面积 2.44 万亩。[①]

笔者认为，中国工业化、城市化进程取得瞩目成就的同时，失地农民经济权益却受到一定程度的损害，部分经济利益被剥夺，正如国务院发展研究中心副主任陈锡文指出的，如果计划经济时代的“剪刀差”让农民付出了6000 亿—8000 亿元的代价，那么改革开放以来的城市化进程的低价征地，最少使农民蒙受了 2 万亿元的损失[②]，这属于非正义的经济状况。造成失地农民经济权益损失的原因是多层面的，直接原因在于中国现行征地制度的缺陷，深层原因在于中国农地产权制度的不完善。

失地农民经济权益损失，不仅仅是一个经济问题，也是一个社会问题，已经引发了各种社会矛盾，不断加剧了失地农民与用地单位的矛盾与冲突，如 2005 年 6 月 11 日的“河北省定州市绳油村”事件；不断加剧了失地农民与地方政府的矛盾冲突，如“6・28”瓮安事件等（见附录）。以失地农民经济权益受损为代价换来的城市化成果，可能动摇中国经济快速发展以及社会稳定的根基。时任贵州省委书记石宗源对此分析说：这次事件，导火索是女中学生的死因争议，但从一起单纯的民事案件酿成了一起严重的打、砸、烧群体性事件，其中必有深层次的因素。一些社会矛盾长期积累，多种纠纷相互交织，矿群纠纷、移民纠纷、拆迁纠纷突出，干群关系紧张，治安环境不够好。因此，“这起事件看似偶然，实属必然，是迟早都会发生的。瓮安县委、县政府、县公安局和有关部门的领导干部负有不可推卸的责任”。[③]

我们党和政府历来很重视农民问题，在增加农民收入，努力发展农村各项事业，使农民能够享受改革成果等方面，制定了一系列政策，推行了一系列措施，取得了相当的成效。但是，中国现行的征地补偿原则与市场经济体制相悖。现行的征地补偿方式有明显的计划经济时期的色彩，即不承认存在相对独立的经济组织，而市场经济就是承认并保护相对独立的经济组织的利益要求，所以，在市场经济体制下，土地权益应

① 陆仟等：《关于中国失地农民的安置和补偿问题的思考》，《山东农业大学学报》2005 年第 2 期。

② 参见姚蕾《城市化进程中失地农民利益损失及对策》，《兰州学刊》2005 年第 2 期。

③ 黄志杰：《“6・28”之前的瓮安》，2008 年 7 月，新华网（http：//www.xinhuanet.com）。

该体现土地的发展权益。但是事实上，征地补偿却仅仅是对失地农民生存性的最直接的经济补偿，没有体现出土地发展权。又由于地方政府的经济利益驱动，在征土地时对失地农民的利益安排，未能切实地考虑到失地农民的长远利益，农民经济权益受到损失。失地农民成为中国缺乏保障、边缘化的弱势群体。因此，要完善征地制度，建立合理的征地制度和利益分享机制，恰当安排政府、开发商、失地农民的利益分配格局，妥善解决失地农民的基本保障及发展问题；要树立科学发展观，推进农村经济、社会全面协调可持续发展。惠及人民大众的发展，不仅仅是 GDP 的增长，也是经济、社会、民主、法治、机会等方面的不断改善与推进，更是经济与社会、人与人之间的和谐发展。如时任国务院总理温家宝所言，要让农民同步享受改革的成果。

二　相关概念界定

1. “征地制度”

本书使用的“征地制度”，专指土地征收，不涉及土地征用。理论上，征地制度可以是土地征收或者土地征用，这两者都是国家强行取得公民的财产或者强行使用公民财产的制度。征收和征用既有联系又有区别。其共同点在于强行性。依法实施的征收和征用，都是依政府单方面的意思表示（征收命令、征用命令），即发生效力的，无须征得被征收、被征用的公民的同意，被征收、被征用的公民必须服从、不得抗拒。其不同点是：征收实质上是强制收买，征收的对象限于不动产，且不发生返还问题，只发生补偿问题；征用实质上是强制使用，征用的对象包括不动产和动产，使用完毕后应当将原物返还权利人，如果因使用导致原物毁损不能返还的，应当照价赔偿。

故本书中的“征地制度”是指有补偿的土地征收制度，包括土地征收的前提、征收的程序，征收补偿的原则、补偿范围、补偿标准及补偿支付方式等一系列的规定。为了表述的需要，书中有时会简称用“征地制度”，但和“土地征收制度”所指相同。

2. “失地农民”

是指在工业化、城市化进程中，因非农建设需要占用了农村集体土地，从而形成了被动失去农业用地的那部分农民。

3. “失地农民经济权益”

是指失地农民应享有的基本权利及由此而产生的相关经济利益，合称权益。本书在这里所研究的经济权益，根据《物权法》第一百二十五条的规定，其一是指失地农民对农地的集体所有权（包括占有、使用、收益、处置权等）；其二是指土地承包经营权（包括承包经营权人对其承包经营的耕地、林地、草地等享有的占有、使用、收益和部分处置权）。[①] 另外，因为研究的需要，书中还会涉及由农地集体所有权和土地承包经营权派生的其他相关权利，如在征地过程中农民的知情权、参与权、监督权和申诉权；承包地被征收时农民应享有的补偿权[②]；由土地保障功能产生的农民的生存权和发展权，包括就业权、社会保障权、国民待遇权等。

4. “权利贫困”

是由印度裔美国经济学家阿马蒂亚·森提出来的，用以研究全球大规模饥荒问题。他在20世纪80年代研究世界上几次大规模饥荒问题时发现，饥荒的直接原因是个人交换权利的下降，并不是传统的观念所认定的由粮食短缺造成的，由此提出权利贫困概念。森的权利体系包含四个方面的权利：（1）以贸易为基础的权利（trade-based entitlement）：一个人有权拥有通过自愿交易所得到的东西；（2）以生产为基础的权利（production-based entitlement）：一个人有权将自己的资源或雇用来的要素用于生产；（3）拥有自己劳动力的权利（own-labour entitlement）：一个人有权将自己的劳动力用于自己组织的生产或受雇于他人；（4）继承和转移的权利（inheritance and transfer entitlement）：一个人有权继承财产或接受赠予。[③] 本书在这里把森的权利贫困概念及理论运用到中国失地农民经济权益受损问题的分析中，以期借此从权利层面

① 《物权法》第125条规定：“土地承包经营权人依法对其承包经营的耕地、林地、草地等享有占有、使用和收益的权利。”

② 《物权法》第132条规定：“承包地被征收的，土地承包经营权人有权获得相应补偿。”

③ Amartya Sen, *Poverty and Famines—An Essay on Entitlement and Deprivation*, International Labour Organization, 1997, pp. 6–7.

更深刻地认识中国失地农民经济权益损失问题，即失地农民遭遇权益损失，源于失地农民的权利贫困。

5. “产权”

是从所有权中分化出来的一种新的财产权形式，是自然人或法人在占有、使用、收益或处分财产过程中所享有的权利和承担的义务的集合。

6. “产权制度”

是指产权主体在行使财产各项权利过程中形成的一套系统而稳定的行为规则和规范体系，它是制度化了的产权结构和产权关系，它规定了产权如何安排、如何界定、如何运行、如何保护等。一个有效的产权制度至少应包括以下内容：排他性的产权关系；明确的产权规则；清晰的产权结构；有效的产权保护制度；顺畅的产权流转机制。

7. “农地产权”

是由农地的存在及其使用所引起的人们之间相互认可的经济社会关系。农地产权也是一组权利束，包括农地所有权、占有权、使用权、收益权、处置权等多项权能。

8. “农地产权制度”

是关于农地产权权能的分割、界定、归属的经济法律关系的总和。它主要解决各项农地权利如何在不同利益主体之间的分配问题，它是由社会强制力量和市场强制力量对农地产权及其交易的保护、约束和规范的结果。

三　研究设计

1. 研究目标

以马克思的经济正义观为指导，研究失地农民经济权益损失问题，实现经济正义与社会正义，促进社会主义社会的和谐发展。

马克思的经济正义观集中体现为，正义源于财产所有权制度；经济正义本质是实现人的全面发展；人的解放与生产力的发展程度密切相关。只有在正义的制度下，才能彻底解决失地农民问题，消除各种社会不平等。在马克思看来，社会生产关系的合理化调整或变革是实现社会正义的最关键因素，旧的生产方式得到彻底变革时，“代之而起的应该是这样的生产组织：在这个组织中，一方面，任何个人都不能把自己在生产劳动这个人类生存的自然条件中所应参加的部分推到别人身上；另一方面，生产劳动给每一个人提供全面发展和表现自己全部的即体力和脑力的能力的机会，这样，生产劳动就不再是奴役人的手段，相反成了解放人的手段，因此，生产劳动就从一种负担变成一种快乐”。[①] 制度正义实现的具体途径，必须从现实的生产力和生产关系之间的矛盾冲突中寻找。马克思的经济正义观，是建立在制度正义的基础上，通过对生产资料所有制的研究，表达其核心价值，即建立和谐理想的社会，最终实现人的自由和解放。在马克思、恩格斯看来，“通过社会生产，不仅可能保证一切社会成员有富足的和一天比一天充裕的物质生活，而且还可能保证他们的体力和智力获得充分的自由的发展和运用”。[②] 社会生产关系的合理化调整或变革是实现社会正义的最关键因素；正义观的最终目标是在生产正义和分配正义相统一的基础上实现人的全面自由的发展。社会主义社会的和谐发展，要求以人为本，注重城乡统筹兼顾，城乡协调、区域协调、经济社会协调、人与自然的和谐发展，这是对马克思主义中国化的经典阐释，是在中国社会经济建设事务中的具体体现。

2. 研究方法

总体上，以马克思的辩证唯物主义和历史唯物主义的观点和方法论为指导。马克思的辩证唯物主义告诉我们，事物就是在不断解决问题的过程中发展的、进步的。解决旧问题，又出现新问题。现行的土地制度，解决了工业化、城市化进程中的土地问题，但又引发了失地农民问题。研究失地农民问题不意味着否定成绩，问题的解决是为了取得更大的成就。研究解决失地农民经济权益损失问题，就是为了工业化的进展不乏后续之力。马克思的历史唯物主义揭示出人类社会形态的变迁，都是围绕物质生产活动展开的，不同的生产方式产生不同的生产关系，形成不同的社会形态，新的生产关系始终在取代旧的生产关系，社会形态由低级走向高级。中国的工业化过程，客观上要求建立符合变化需要的

① 《马克思恩格斯选集》（第3卷），人民出版社1995年版，第644页。

② 同上书，第757页。

新型的生产关系，失地农民经济权益的确认与维护，就是一种新型生产关系的诞生。

具体来讲，使用文献检索法，通过文献检索，对相关文献资料进行提炼、整理、归纳，形成自己的观点；通过对国内外理论界关于本问题研究的现状及进程的梳理，确定本书的研究起点与平台、研究目的与手段。运用历史与现状的描述法，描述土地非农化过程中失地农民经济权益损失的状况。在此基础上，运用质的分析法，探讨失地农民经济权益受损的政治、经济、社会各方面原因。再运用比较研究法，通过对国内外土地征收制度的比较研究，从权利、平等、发展观等经济正义的价值观层面，综合经济伦理学、社会学、法学基本理论与方法，研究失地农民经济权益损失问题。

3. 研究思路

由于现行征地制度下，失地农民经济权益损失集中表现在失去土地的速度过快，规模过大，形成的失地农民人数剧增，他们失地亦即失业；由于社会保障制度不完善，他们成为流民，沦为社会“边缘人”，承受着身份歧视、职业歧视、工作待遇歧视、社会保障歧视等压力，发展权受到挑战。

本书从马克思主义的基本立场——维护民众权益出发，坚持马克思的经济正义观，坚持马克思的辩证唯物主义与历史唯物主义的观点方法，设计了五章内容进行分析。

第一章，运用现状描述法，借助大量文献数据描述了失地农民经济权益损失的程度。

第二章，分析指出失地农民经济权益损失有多重原因。直接原因在于中国现行的征地制度的弊端：“公共利益”界定不清，征地范围过宽；征地补偿范围小，补偿标准低，补偿方式单一；征地程序不规范。深层原因在于农地产权制度的不完善：主要是农地产权主体多元化。这种多元化的集体主体，导致征地实际中的权力博弈，征地收益分配的不公平。这些状况导致农民土地财产权的贫困，即农地集体所有权主体的多元，实则虚设，农民没有实质的土地所有权，只有有限的使用权，即经营权，土地财产权很不完备，是一种“权利贫困”状态。

第三章，根据马克思的经济正义观与西方其他学者的经济正义理论，从经济伦理学的角度界定认为，失地农民经济权益损失属于非经济正义现象，表现为农地资源初始分配不正义（历史），农地资源交换不正义（非市场化），农地价值占有不正义（权力介入）。经济伦理学研究的主题，是以“正义”的价值维度来考察经济的合理性与合目的性问题，“经济正义”则是从经济伦理角度研究制度伦理，它坚持任何经济制度安排都应包含正义的要求，任何经济制度安排都离不开道德责任，离不开对经济活动中人的命运的终极关怀。其基本原则是权利与义务的对等分配，根本目的是实现人类的最高幸福。马克思的经济正义思想集中体现为，正义源于财产所有权制度；经济正义本质是实现人的全面发展；人的解放与生产力的发展程度密切相关，只有在正义的社会制度下，才能彻底根除各种社会不平等。罗尔斯的“公平正义”，诺齐克的“矫正正义”，德沃金的“资源平等”正义理论，为我们解决失地农民经济权益损失问题的制度建设提供了理论参考。

第四章，提出要解决失地农民经济权益损失问题，首先是观念的指导，构建权利观、自由平等观、正义观等。权利、自由、平等是人的自然权利，是人类永恒的追求。财产权的观念是伴随着人类文明的自然史而形成的，享受财产的权利是人成为人的要件之一，是确保人被当人对待的基本权利，财产权意味着人们有权采取经济行动以获得、利用和处置财产；财产权是生命权利的延伸，是人类自由与尊严的保障；财产权不是财产作为物的权利，而是人作为人支配物的权利；财产权不仅是人占有物质的权利，而且是精神的权利；财产权限制了政府的行动范围及统治者的专横意志；财产权是抵制统治权力扩张的最牢固的屏障，财产权成为自由、个人自治赖以植根和获取养料的土壤，它对人类的一切精神和物质文明的巨大进步产生了深远影响。

第五章，运用对比研究方法，研究比较了国内外土地征收制度的基本特征与差异，综合概括了国外土地征收制度的共性与伦理价值，提出在坚持土地公有制的前提下，完善中国征地制度的构想。国外土地征收制度的设计，注重土地财产权的保护，公平正义充分原则体现在各个程序法和实体法中；采用完全补偿、合理补偿原则；对公权进行程序限制；征地双方协商，政府居中裁判，司法救济手段齐全充分，体现了维护长远和代际利益的伦理价值观。中国征地制度的不断完善，包括征地前提的界定，补偿方式的市场化，并逐步赋予农民土地财产权，以维权理念为支撑的制度建设一定能收到预期的效果。

选择森的权利理论分析中国失地农民经济权益损失问题，有以下考虑：第一，森的权利理论与马克思的民众立场一致。马克思作为无产者的代言人，毕生致力于社会批判与社会改造；森关注底层人民的疾苦，由此被誉为“经济学的良心”（Solow）。第二，森的理论研究继承、发展了马克思的权利、自由观。森赞同马克思关于权利、自由是判定社会经济发展的一个重要动因的诸多论点，“马克思在他的诸多著作中，在他强调‘确立个人对偶然性和关系的统治，以之代替关系和偶然性对个人的统治’的重要性的时候，也这样做了”。[①] 第三，森的权利理论与方法，为社会问题的研究开创了新的视角，是贫困理论发展的一个里程碑，如瑞典皇家科学院的公告中所说，“森在经济科学的中心领域做出了一系列可贵的贡献，开拓了供后来好几代研究者进行研究的新领域”，“他结合经济学和哲学的工具，在重大经济学问题讨论中重建了伦理尺度”（restored an ethical dimension）。[②] 第四，森的权利理论研究成果已产生了巨大的实践效果。联合国秘书长柯菲·安南高度评价了阿马蒂亚·森的研究对发展理论和实践、对联合国发展工作、对发展中国家的发展产生了革命性的影响：“全世界贫穷的、被剥夺的人们在经济学家中找不到任何人比阿马蒂亚·森更加言理明晰地、富有远见地捍卫他们的利益。通过阐明我们的生活质量应该不是根据我们的财富而是根据我们的自由来衡量，他的著作已经对发展的理论和实践产生了革命性的影响。联合国在自己的发展工作中极大地获益于森教授观点的明智和健全。”[③] 第五，森的权利贫困理论虽然主要针对饥荒问题的研究，但本书认为“权利贫困”理论体系本身是开放性的，含有更广泛的意义，对于所有“被剥夺”问题都可以借此予以分析。

---

① ［印度］阿马蒂亚·森：《以自由看待发展》，任赜、于真译，中国人民大学出版社2002年版，第289页。

② 同上书，第2页。

③ 同上。

第一章

失地农民经济权益损失状况分析

第一节　失地农民应享有的基本经济权益

一　农地集体所有权

中国宪法、民法通则、土地管理法都对农村集体土地所有权作了规定。1982年到2004年的宪法第十条规定："农村和城市郊区的土地，除由法律规定属于国家所有的以外，属于集体所有；宅基地和自留地、自留山，也属于集体所有。"第七十四条规定："集体所有的土地依照法律属于村农民集体所有，由村农业生产合作社等农业集体经济组织或者村民委员会经营管理。已经属于乡（镇）农民集体经济组织所有的，可以属于乡（镇）农民集体所有。"① 1988年修改的《土地管理法》第八条在民法的基础上进一步规定："村农民集体所有的土地已经分别属于村内两个以上农业集体经济组织所有的，可以属于各该农业集体经济组织的农民集体所有。"② 按照相关法律规定，农村和城市郊区的土地，除由法律规定属国家所有外，其余属于农民集体所有。农民集体所有的土地依法属村农民集体所有。

根据马克思的土地产权理论可知，土地所有权及由此衍生的土地使

① 《中华人民共和国宪法》，法律出版社2004年版，第8条、第9条、第10条、第11条。

② 《中华人民共和国土地管理法》，法律出版社2004年版，第8条、第9条、第10条、第14条、第15条。

用权、收益权、支配权、处置权等权能组成了完整的产权体系，其中任一权能可以独立存在，具有独立的产权功能。由此推论，农民集体应该拥有完整的土地产权。

二　农地承包经营权

承包人对承包地享有占有权、使用权、收益权、处置权。根据2003年《中华人民共和国农村土地承包法》的规定，土地承包经营权人对其承包经营的耕地、林地、草地等农业用地依法享有占有、使用和收益的权利。农户依法享有承包地使用、收益和土地承包经营权流转的权利，有权自主组织生产经营和处置产品；通过家庭承包取得的土地承包经营权可以依法采取转包、出租、互换、转让或者其他方式流转。[①]所以，农民依法享有承包地的占有权、使用权、收益权、部分处置权。2007年10月1日颁布的《物权法》第一百二十五条规定："土地承包经营权人依法对其承包经营的耕地、林地、草地等享有占有、使用和收益的权利，有权从事种植业、林业、畜牧业等农业生产。"占有权是指承包经营权人为实现其使用、收益等目的而对所有人的土地进行占有的权利。这种占有也包括间接占有，如承包权人将土地转包、出租或抵押时，其土地由受让人、承租人、抵押权人直接占有，但土地承包经营权人作为原承包人、出租人、抵押人仍可间接占有其承包的土地。使用权是指承包经营权人按照土地的自然属性、约定用途等使用所有人的农用土地的权利。如承包权人在耕地上耕种、在草原上放牧、在水面上养鱼等。按约定用途是指在一定自然属性的土地上设立土地承包权时，土地所有人与承包权人为特定农业目的而约定的使用方法。为实现其使用目的，承包权人可在土地上修建必要的附属设施，如建筑物以及水井、堤坝、农用道路等构造物，并对其拥有所有权。收益权是指承包经营权人获取土地上所产生的利益的权利。遇到征地，应获得补偿的权利。《物权法》第一百二十一条规定："对因不动产或者动产被征收、征用致使用益物权消灭或者影响用益物权行使的，用益物权人有权获得相应补偿。"《物权法》第一百三十二条规定："承包地被征收的，土地承包经

① 《农村土地承包法》，法律出版社2003年版，第16条、第20—37条。

营权人有权获得相应补偿”。[①] 这就明确了土地征收补偿的对象不仅包括土地所有权人，也包括土地承包经营权人。

三　其他相关的征地权

农民应享有由集体土地所有权和个人承包经营权派生的，在征地过程中不可剥夺的知情权、参与权、监督权和申诉权。国土资源部王世元明确强调要保障被征地农民的知情权、参与权、监督权和申诉权。[②]

农民应享有由土地保障功能派生的权利，包括生存权和发展权，具体如就业权、社会保障权、国民待遇权、迁徙权、教育权、抗争权等。如洪朝辉（2004）在“论中国农民土地财产权利的贫困”一文中所指出的，长期以来中国农民的权利贫困主要表现在以下方面，一是参与权利的贫困；二是迁徙权利的贫困；三是社会保险权利的贫困；四是教育权利的贫困；五是医疗保险权利的贫困；六是抗争权利的贫困；七是土地财产权利的贫困。[③] 由此我们可以逆向推论出农民应享有的权利有：政治权利（参与选举权），社会权利（迁徙权、社会保障权、教育权、抗争权），经济权利（土地财产权）。

在中国工业化进程中，由于现行征地制度的不完备，农地集体产权制度的内在缺陷，城乡二元社会经济结构的制约，农民应享有的基本经济权益随着土地的被征收而不同程度地受到损害。

第二节　失地农民经济权益损失的表现

目前，国内关于失地农民经济权益损失状况的研究，集中在以下四个方面：（1）征地补偿范围小、标准低。《土地管理法》规定的土地补偿费，为征用前三年平均年产值的6—10倍；对每个需要安置的农业人

---

① 《物权法》，法律出版社2007年版，第125条、第121条、第132条。

② 王世元：《严格土地管理切实维护农民土地权益——在全国纠风工作会议上的发言》，《国土资源通讯》2008年第9期。

③ ［美］洪朝辉：《论中国农民土地财产权利的贫困》，《当代中国研究》2004年第1期。

口的安置补助费，为征用前三年平均年产值的4—6倍。两项之和最高不得超过15倍。遇有特殊情况经省级政府批准，可以增加安置补助费，但是两者加起来不得超过30倍。之所以说补偿标准低，主要在于以被征地前三年平均年产值的倍数为计算依据，不符合价值规律。如沈守愚认为，市场环境下，农业种植结构不断多元化，种植手段的科技水平不断提高，农产值不断增加，农产品的附加值也不断增加，农地价格应随之增长，如果考虑到农地的不同区位，农地应该有不同的价格，而简单地以平均年产值计算农地价格，计算征地补偿标准，没有考虑到已经变化了的各种情况，对被征地农民是不公平的。① 之所以说补偿范围小，主要在于单纯根据土地原始用途补偿不合理。中国《土地管理法》规定的征收补偿范围仅限于土地补偿费、林木补偿费、青苗及地上附着物补偿费、安置补助费、房屋补偿费和搬迁安置费等与被征用客体有直接关联的经济上损失，没有其他间接损失补偿。如张全景、王万茂所提出的，补偿范围应该扩大到农民生存权与发展权补偿、残余地经营补偿、生态补偿等方面，要充分考虑到农民失去土地后的发展状况。② 朱明芬针对补偿范围小提出，在现有补偿内容基础上，应该增加农民“承包30年”的承包权损失、土地增值的差价损失及其他间接损失，要给失地农民提供基本的医疗保险和养老保险，提供广泛的就业途径和就业机会，摆脱失地又失业的困境等。③ 黄祖辉、汪晖提出设立土地发展权补偿。④（2）征地补偿安置方式单一，失地农民缺乏最低生活保障。如王明祥认为，对失地农民实行一次性货币补偿安置，没有考虑到农民长远发展的需要。⑤ 还有“征地制度改革研究课题组”也认为，一次性安

① 沈守愚：《土地法学通论》，中国大地出版社2002年版，第1503页。

② 张全景等：《中国土地征用制度的理论考察及改革思考》，《经济地理》2003年第11期。

③ 朱明芬：《浙江失地农民利益保障现状调查及对策》，《中国农村经济》2003年第3期。

④ 黄祖辉等：《非公共利益性质的征地行为与土地发展权补偿》，《经济研究》2002年第5期。

⑤ 王明祥：《江苏省实施征地制度改革的思考》，《中国土地科学》2003年第8期。

置，没有考虑到农民的发展需要，没有考虑农民的就业及社会保障的需要。[①]（3）征地补偿款被截留、拖欠，征地收益分配不合理。如 Ellickson、项兆伦等指出，按规定给农民个人的征地补偿费，应是土地收益总额的 68.6%，而实际上征地收益的分配格局是，政府部门占 70%—60%，村集体占 30%—25%，农民仅得 10%—5%，这明显有失公平。[②] 2002 年全国土地使用权招标拍卖收入平均 35.67 万元/亩，而对征地农民的补偿费通常只有 1.5 万—3.5 万元/亩（张熙，2003）。（4）失地农民就业困难，失地农民失去了土地财产及与之相关的其他一系列权益，沦为城市里的"边缘人"。失地农民缺乏专业技能，难以参与激烈的市场竞争，就业困难，到 2030 年，将有 5000 万以上的农民失地又失业，成为城市中的"边缘人"。据张海波、童星的调查研究结果（2006），失地农民成为城市中的"边缘人"表现在：失地农民经济生存的边缘化、社会交往的双重性、心理认同的不适应性。[③]

这方面的研究成果非常丰富，这些研究的相关资料从各个侧面真实地反映了失地农民经济权益损失的程度，对进一步研究失地农民经济权益损失问题提供了坚实的材料。但是，要深入研究失地农民经济权益损失问题，不能停留在数据表层，还需要进入到相关制度、法律、政策等层面。再次引用国务院发展研究中心副主任陈锡文的总结，如果计划经济时代的"剪刀差"让农民付出了 6000 亿—8000 亿元的代价，那么改革开放以来的城市化进程的低价征地，最少使农民蒙受了 2 万亿元的损失。

进入 20 世纪 90 年代以来，由于征地类型、征地范围不断扩大，而相关制度、政策、法律、管理等多方面的滞后，被征地农民的土地集体所有权，承包经营权，征地中的知情权、参与权、监督权和申诉权等都受到不同程度的损害，集中表现在以下七个方面（后面章节还会进一

① 国土资源部征地制度改革研究课题组：《征地制度改革研究报告》，《国土资源通讯》2003 年第 11 期。

② 项兆伦等：《土地制度改革：一个重大理论和实践问题》，《中国征地改革国家研讨会简报》2004 年第 21 期。

③ 张海波等：《中国城市化进程中失地农民的社会适应性》，《社会科学研究》2006 年第 1 期。

步讨论这个问题）：

一　征地速度过快、规模过大，农民失地又失业

由于《土地管理法》规定国家为了公共利益的需要，可以依法对集体土地进行征收或征用，于是各地的建设项目，无论是公益性建设用地，还是经营性建设用地，都采取由政府征为国家所有的办法，结果导致征地范围过宽，征地规模过大，农民失去太多土地。2003 年 6 月国务院进行的全国土地整顿的初步调查显示，全国各类开发区 6000 多个，总圈地 4500 万亩，超过了全部现有城市和建制镇的建设用地总和。[①] 2005 年度全国土地利用变更调查结果显示，截至 2005 年 10 月 31 日，全国建设用地达 4.79 亿亩，2005 年新增建设用地 427.4 万亩，比上年增加 6%。2005 年，东、中、西部当年新增建设用地分别为 242.4 万亩、57.2 万亩、127.8 万亩，各占当年全国新增建设用地的 57%、13% 和 30%。同时，全国耕地面积为 18.31 亿亩，比上年度减少了 542.4 万亩。[②] 失地农民以同幅度速度和规模增长。

二　征地补偿范围小、标准低，农民所得补偿不足

2004 年《土地管理法》规定，征地补偿范围仅限于土地补偿费、林木补偿费、青苗及地上附着物补偿费、安置补助费、房屋补偿费和搬迁安置费等与被征客体有直接关联的经济损失。补偿标准为征用前三年平均年产值的 6—10 倍；对每个需要安置的农业人口的安置补助费，为征用前三年平均年产值的 4—6 倍。两项之和最高不得超过 15 倍。遇有特殊情况经省级政府批准，可以增加安置补助费，但是两者加起来不得超过 30 倍。补偿范围小，没有考虑土地的非生产性收益，补偿标准以农村生活为背景，明显偏低。据有关部门测算，当前法定最高补偿标准大约为 2.4 万元/亩，按每月 300 元/人的最低生活标准计算，那么当前法定的征地补偿费仅够农民维持 6 年多不到 7 年时间的基本生活需要；浙江大学对 5 个城市 255 个被征地农户进行的一项调查表明，2002 年

---

① 鲍蓓：《对失地农民权益的研究》，《现代商业》2005 年第 4 期。

② 刘炳君：《论失地农民权益的法律保护》，《山东教育学院学报》2007 年第 6 期。

这些被征地农户人均获得的补偿按照当地目前的物价水平，仅能维持2年半的基本生活。根据郭春华等对江苏省金坛市直溪村土地征用补偿的调查，该地区的征地补偿费标准为：土地补偿费1.6万元/亩，安置补助费1.7万元/人，青苗费800元/亩，绝大部分农民认为这一标准较低，地上附着物的补偿费不足以补偿鱼塘、蟹塘、菜地等的投入成本和收益的损失，自己的养老失去保障。有近一半的农民期望补偿标准在5万—7万元/亩，33%的农民希望在7万—10万元/亩之间。①

三　征地补偿方式单一，失地农民缺乏最低生活保障

目前对失地农民的安置，虽然有就业安置、住房安置、划地安置，但主要是货币补偿的方式，也仅仅是对失地农民的最低生活安排，而且是一次性的，解决不了失地农民的社会保障问题。比如在2000—2002年的3年中，无锡失地农民参加各种养老保险的仅为553万人，占失地农民总数的15%；无锡农村为失地农民购买的养老金为2.42亿元，仅占同期土地补偿费总量和土地出让金总额的6.8%和1.66%。在住房、入学和接受法律援助等方面，失地农民更不可能得到与城市居民同样的社会保障。② 福州市2000年征地安置人员中，货币安置比例高达82%；浙江省对10个建设用地项目进行抽样调查表明，在安置的3379人中，除172人进入社会保障体系外，其余均为货币安置，比例高达94.1%。③

四　征地收益分配不合理

根据钱忠好、曲福田（2004）的研究可知，中国现行的土地征收制度的典型特征是政府垄断，政府禁止土地所有权市场、垄断一级土地市场。在这种状况下，政府成为征地最大获益者。政府作为土地唯一供

① 郭春华等：《土地征用中农民利益边缘化问题分析——对江苏省金坛市有关问题的调查》，《小城镇建设》2003年第2期。

② 张莉：《当前中国失地农民利益受损的制度分析》，《广东行政学院学报》2005年第2期。

③ 康松等：《城市化进程中失地农民权益损失及其保障对策》，《农村经济》2005年第8期。

给方，在征地与供地之间造成巨大的利益空间。如南京市政府 2002 年向农民征地的最低价为 8 万元/亩，最高价为 20 万元/亩（包含土地补偿费、安置补助费以及土地上的附着物与青苗补偿费），而政府转手拍卖最高价达 980 万元/亩，最低价 120 万元/亩。[①] 据中央电视台报道，安徽亳州地区某民营企业征占集体土地 230 多亩，给农民一次性征地费为 1.9 万元/亩，而后转手高价卖出为 15.6 万/亩。如《光明日报》（2004 年 3 月 18 日）报道，江苏省沪宁高速公路征地补偿费为 0.5 万元/亩，2000 年沪宁高速在香港证券市场上市，评估的地价为 12 万元/亩，是当初征地价的 24 倍。在征地垄断情况下，农民无法与政府就征地数量与征地补偿标准讨价还价，征地受益的分配格局是政府占 60%—70%，集体占 25%—30%，农民仅占 5%—10%。

五　失地农民缺乏损失转嫁机制

一般厂商受损有转嫁轨道，而农民没有。厂商的受损表现在建设成本的加大，如据蒋省三的调查，在广东南海区，1 亩农地转为非农建设用地，办理农地转用手续牵扯的费用：耕地占用税 4000 元/亩，征地管理费 1500—1800 元/亩，垦覆基金 1 万元/亩，农业保险基金 6000 元/亩，农田水利建设费 1333 元/亩。[②] 厂商面对如此繁杂的税、费、基金等形成的建设成本，可以转嫁到消费者身上以收回投资，而农民没有转嫁渠道，损失只能自己承担。

六　失地农民缺乏其应有的征地知情权、参与权、抗争权、申诉权

由于法律建设的滞后，农地集体所有权的主体缺位，征地制度中的政府垄断行为，导致失地农民丧失了其应有的征地知情权、参与权、抗争权、申诉权等。（1）土地征收方案批准之前基本不考虑被征地者的意见，被征地农民无法通过正常途径预知被征收。（2）在补偿标准方面，缺乏事先与被补偿者协议价购的程序。（3）土地征收方案的实施凌驾于补偿安置争议是否解决，补偿费是否支付完毕之上。据浙江农调

---

① 钱忠好等：《中国土地征用制度：反思与改革》，《中国土地科学》2004 年第 10 期。

② 参见蒋媛媛《征地补偿与失地农民保障问题》，《观察与思考》2005 年第 12 期。

队的调查，95%以上的失地农民没有看到过任何征地的公告；85%以上的失地农民没有被通知参加村民大会；70%的失地农民不清楚具体的征地数额和补偿数额。[①] 在中国，至今没有单独的土地征收法或土地征收条例，土地征收程序主要规定在土地管理法和实施条例中，其与农用地专用审批等程序混杂在一起，缺乏条例性和清晰度，很容易理解偏差。

七　失地农民就业权困难，缺乏社会保障，沦为社会“边缘人”

失地农民文化水平低，缺乏专业技能，难以参与市场竞争。到2030年，失地农民人数将剧增到1.1亿人，这其中将有5000万以上的农民处于失地又失业的状态。[②] 土地是农民生存发展的根本保障，被征地后，农民失去了赖以生存的土地，又不能融入社会保障系统中，沦为社会“边缘人”。据张海波、童星的调查研究结果（2006），失地农民成为社会“边缘人”表现在，失地农民经济生存边缘化、社会交往双重性、心理认同不适应。如陈锡文所言：“农民失去土地以后，他当不成农民了，而领到的那些补偿金，也当不成市民，既不是农民也不是市民，只能是小区游民，社会流民。”[③]

失地农民的生存、生活及发展问题，成为突出的社会问题。温家宝指出：“农村集体土地转为建设用地的过程，应当是农民分享工业化、城市化成果的过程，应当有利于增加而不是损害农民利益。”[④]

---

① 曲天娥：《农民失地的原因分析及对策》，《中国国土资源经济》2004年第3期。

② 蒋媛媛：《征地补偿与失地农民保障问题》，《观察与思考》2005年第12期。

③ 参见康松等《城市化进程中失地农民权益损失及其保障对策》，《农村经济》2005年第8期。

④ 同上。

第二章

失地农民经济权益损失原因分析

关于失地农民经济权益损失的原因，有众多学者从不同角度做了分析，归纳为以下几方面：（1）制度方面。沈关宝、王慧博（2006），周玉梅、李延平（2007）等认为，现行的农地产权制度、农地征用制度、社会保障制度等制度中的缺陷都是造成这一现象的重要因素。中国现行的征地制度是20世纪50年代高度集中的计划经济体制时期形成的，在当时对于保证国家建设起到了积极作用，但是，随着社会主义市场经济的发展，这个制度就暴露出了自身的缺陷。“公共利益”边界不清；土地征收法律法规不完善；补偿标准不合理；对农民补偿不到位（不到个人，拖欠）；争端解决机制不合理。[①②]（2）法律建设方面。董钊莹（2007）分析，集体所有权主体虚位，农村土地名义上的集体所有权实际上便演变为少数掌权者的所有；土地承包经营权的独立性不够。“这种土地利用权从一开始就是以债权的形式出现的”，不承认土地承包经营权的独立物权品格，就为事实上的土地所有人干预和侵害土地承包经营权留下了正当借口。同时，权利的非独立性亦不利于农户独立行使权利救济请求权，排除妨害，防止随意调整土地、更改土地合同的侵权行为。[③] 冯留坡（2008）认为，从法律角度说，原因有三点：①法律制度不完善，存在某些漏洞，没有对公共利益作明确的界定，没有法定的且

---

① 沈关宝等：《城市化进程中农民失地的深层次分析》，《探索与争鸣》2006年第2期。

② 周玉梅等：《失地农民权益保障的制度创新》，《北华大学学报》（社会科学版）2007年第12期。

③ 董钊莹：《浅析中国工业化进程中失地农民权益的保障——从现行农村土地法律制度视角》，《法治与社会》2007年第6期。

可操作性强的标准。②法律滞后情况严重，固守20年前的土地补偿理念。③法律责任有些不明确。[①] 齐恩平、何澄（2007）指出，中国现行法律对集体土地所有权的权属规定不明确，这是导致失地农民权益受损的一个基本原因。“农民集体”不是法律意义上的民事主体形态，是个模糊的概念，没有明确的法律特征，难以界定它所指的物件；从法理上讲，任何一种权利必须和一定的明确的主体相结合，权利的存在方有意义；由于乡（镇）农民集体所有之农民与村农民集体所有之农民在成员组成和利益分享上有重叠和包容关系，具有利益的相关性与同一性，因而无法从逻辑上将各所有权主体划分明确，在实践中也带来诸多管理和利益分配上的问题。[②]（3）政府管理方面。冯留坡（2008）认为原因主要有三点：①部门利益、地方利益、眼前利益、个人利益驱动，形象工程、数字工程、政绩工程使然，主观上忽视农民权益的保障。②监督不力，主要表现为上级主管机关监督不力，同级主管机关监督不力，人大与政协等机关监督不力。③下级对上级政策规避，或曲解上级政策。[③]（4）社会经济综合因素。刘文烈、刘晨之（2007）从制度经济学的角度分析指出，失地农民权益受损根源于城乡分割的二元体制，直接原因在于现行农地产权制度，而政府职能错位与行政行为失偏加剧了这一问题的严重性，导致农民自我保护能力短缺，农民利益表达能力短缺、经济参与能力短缺与社会机会不足。[④] 卢继宏、郭建军（2008）认为，由于中国二元经济结构形成了城乡有别的身份制度、教育制度、就业制度、社会保障制度等，造成失地农民权益受损。[⑤]（5）农民权利不足方面。刘炳君（2007）指出，这是由于农民平等权利的缺失，缺乏与其他社会阶层同步发展的机会；有的地方政府过分强调区域内总体经济的片面单向发展规模和速度，忽视了社会发展的普遍受益原则，严重

---

① 冯留坡：《关于被征地农民的权益保障研究》，《经济观察》2008年第1期。

② 齐恩平等：《农地使用权的确立是保障农民权益的长效机制》，《农业经济》2007年第6期。

③ 冯留坡：《关于被征地农民的权益保障研究》，《经济观察》2008年第1期。

④ 刘文烈等：《试论城镇化进程中失地农民权益保护问题》，《齐鲁学刊》2007年第3期。

⑤ 卢继宏等：《政府在失地农民权益保障中的角色定位》，《农村经济》2008年第2期。

损害了农民的利益。[①] 臧俊梅、张文方、朱一中（2008）指出，农地非农化中失地农民权益受损的原因在于农地发展权定位不明晰。[②]

笔者认为，从根本上讲主要是制度原因。中国现行征地制度的弊端是直接原因，中国农地产权制度的缺陷是深层原因。

第一节　中国现行征地制度的弊端

中国现行的土地征收制度是由计划经济时代的土地“征用”制度演化来的。计划经济时代的土地征用制度，其初衷是服务于特定时期的经济政策，这就决定了其缺乏普遍适用性。事实上，今天市场经济条件下的中国土地征收制度实际上是为了满足公共利益需求和制度需求双重目标，而大多数情况下主要是为了满足制度需求。所谓制度需求中的“制度”，在这里主要是指任何单位和个人进行建设，必须依法申请使用国有土地；且集体土地不可以直接进行出让、转让；各种建设若必须使用集体土地，则必须先征为国家所有的这种制度。因而，在中国现行征地制度的相关法规、政策、程序滞后，不完备的情况下，失地农民的经济权益难免不被侵犯。

一　现行征地制度的基本内容

土地征收是指国家为了公共利益的需要，按照法律规定的批准权限和程序，给农民集体和个人补偿后，将农民集体所有土地转变为国家所有的行为。土地征收是发生在国家和农民集体之间的所有权转移，是保证国家公共设施和公益事业建设所需土地的一项重要措施。所以，我国《宪法》第十条规定，国家为了公共利益的需要，可以依照法律规定对土地实行征用（征收）。这是中国实行土地征用（征收）的宪法依据。

---

① 刘炳君：《论失地农民权益的法律保护》，《山东教育学院学报》2007 年第 6 期。

② 臧俊梅等：《农地非农化中农地发展权定位与失地农民权益保障研究》，《农村经济》2008 年第 5 期。

1. 土地征收的前提

土地征收的前提是为了公共利益的需要，用于公益性项目建设，不包括经营性项目用地。

2. 土地征收的主体是国家

土地征收的主体是国家，具有强制性。只有国家有权依法征收集体所有土地转为公用，其他具体用地单位，如国家机关、企事业单位、社会团体，必须依照法律规定的程序向土地管理部门提出申请，在申请获批后，才能使用土地。各级土地管理部门和政府，没有征地权，只能代表国家行使征地权。①

3. 土地征收必须予以补偿

《土地管理法》规定征地补偿范围包括土地补偿费、林木补偿费、青苗及地上附着物补偿费、安置补助费、房屋补偿费和搬迁安置费等与被征用客体有直接关联的经济上损失。《土地管理法》规定的土地补偿费，为征用前三年平均年产值的6—10倍；对每个需要安置的农业人口的安置补助费，为征用前三年平均年产值的4—6倍。两项之和最高不得超过15倍。遇有特殊情况经省级政府批准，可以增加安置补助费，但是两者加起来不得超过30倍。按照《土地管理法实施条例》的规定，征地补偿费的具体分配是：（1）土地补偿费归农村集体经济组织所有；（2）土地安置补助费交付农村集体经济组织或其他安置单位；（3）被征土地的地上附着物及青苗补偿费用给农民。②

从不同国家和地区的实际情况来看，土地征收权都是指国家出于公共利益的需要，以行政权力强制取得非国家所有的土地，并给予原土地所有者以补偿的行为。政府特有权、公共目的性和合理补偿是土地征收权得以行使的三大要件。公共目的性是征收权行使合法性的关键。进行这种限制的理由，是基于国家不应该借助其强大的土地特权为个别私人谋取利益而损害其他人的利益。

二　现行征地制度的特殊性

征地制度的形成与社会经济形态、社会意识形态紧密相连。新中国

① 《中华人民共和国宪法》，法律出版社2004年版，第8—10条、第13条。

② 《中华人民共和国土地管理法》，法律出版社2004年版，第8—10条、第14条、第15条。

成立初期，农村土地为农民私有，1953 年颁布的《国家建设征用土地办法》（以下简称《办法》），充分体现了尊重和维护土地所有者的权益。1958 年，实行人民公社体制，农村土地由农民私有全部转为集体所有，对该《办法》进行了修改，降低了征地补偿标准。十一届三中全会后，中国确立了以经济建设为中心的国家总体发展战略，用地需求急剧增加。1982 年颁布的《国家建设征用土地条例》，突出了征地的强制性。1986 年将此条例上升为法律，但制定的《土地管理法》对征用土地方面的许多条款未作修改。1998 年按照中央关于建立世界上最严格的土地管理制度的要求，对《土地管理法》中的征地条款进行了修订，重在收紧征地审批制度，提高各项补偿安置标准，保护失地农民利益；2003 年修订《宪法》，明确了“征收”和“征用”的不同含义和适用范围，赋予“征地补偿”以法律意义；2004 年第二次修正《土地管理法》，但其中在对被征地农民补偿安置的具体内容上，依然只是一些原则性规定，没有实质性进展。当前的征地制度，在很大程度上，继续沿用计划经济时期的征地模式。

自 1950 年中央政务院颁布了《铁路沿线留用土地办法》以及《关于铁路留用地办法的几点解释》，随后分别于 1953 年、1958 年相继出台了《政务院关于国家建设征用土地办法》和《国家建设征用土地办法》之后，1982 年出台了《国家建设征用土地条例》及 1986 年、1998 年、2004 年出台了《中华人民共和国土地管理法》以及 2004 年国土资源部《关于印发〈关于完善征地补偿安置制度的指导意见〉的通知》等，这一过程始终是以一系列政策规定为主的行政单方面决策进行的。

因此可以说，中国现行的土地征收制度是由土地“征用”制度演化来的，这是它的特殊性。形成于计划经济时代的土地征用制度，其初衷是服务于特定时期的经济政策，当然是缺乏普遍适用性的。中国的土地征收制度实际上是为了满足公共利益需求和制度需求双重目标，而大多数情况下主要是为了满足制度需求。所谓制度需求中的“制度”，在这里主要是指任何单位和个人进行建设，必须依法申请使用国有土地；且集体土地不可以直接进行出让、转让；各种建设若必须使用集体土地，则必须先征为国有这一制度。同时，征地补偿标准的提高，征地程序的进一步完善，征地制度的创新和改革始终依赖于政府一系列文件和法律的出台，依赖于政府的价值取向，缺少市场化进程的需要。

国际一般通则是，土地征收具有三个要件：政府特有的权力；征地只用于公共目的；征地必须给予合理补偿。而发达的市场经济国家如英、法、美、加、荷兰、瑞典、日本等国家，近年来较少征收土地。原因是：（1）政府进行新城镇建设、交通干线的开拓等公共事业项目减少，越来越多地借助民间力量进行开发建设，因而政府公共部门对土地的需求量减少。（2）土地征用手续烦琐，所需时间长，征用价格与实际市场价格非常接近。（3）土地市场发育成熟，政府更多的是采用同土地所有者合作或商议的形式获得土地，实行以土地先买为主，征用为辅。当收买发生困难时，才实行土地征用。中国土地征收制度的“征用”元素，注定了现行的土地征收制度的不完善性。

三　现行征地制度的弊端

1. “公共利益”边界不明

我国1954年宪法、1982年宪法以及2004年宪法修正案都把“公共利益的需要”视为最高需要，但是，至今仍然没有对“公共利益”给出宪法领域的立法定义。同样，我国《物权法》第四十二条规定，“为了公共利益的需要，依照法律规定的权限和程序可以征收集体所有的土地和单位、个人的房屋及其他不动产”。这个规定充分体现了“公共利益优先”的思想，但在法律文本上仍然没有对“公共利益”进行科学界定。由于对“公共利益”法律界定不明确，对公共利益解释不一致，致使“公共利益”范围无限扩大。各类经济园区建设、工商业发展、招商引资等经济行为纷纷搭乘“公共利益”的便车，甚至修建各类楼、堂、馆、所也都以“公共利益”的幌子大肆征地。2001年全国非农建设用地清查资料显示，到2001年底，全国已有各类开发区4210个，其中省级以下的3082个，有73.2%属于滥设的开发区。[①] 事实上，对公共利益的解释资格被演化为政府机关自由裁决的权力，领导意志成为决定性因素，这种带有随意性的土地征收方式，不能确实有效地保护土地资源，也不能保护被征地者的财产权益。

---

① 沈关宝等：《城市化进程中农民失地的深层次分析》，《探索与争鸣》2006年第2期。

通常在土地征收中，符合公共利益目标并不意味着都是正当的行为，它必须同时符合比例性原则。比例性原则要求行政机关在实施行政行为时，应兼顾行政目标的实现和保护相对人的利益。如果为了实现行政目标可能对相对人的利益造成某种不利影响时，应使这种不利影响限制在尽可能小的范围和限度，使两者处于适度的比例。比例性原则在于限制政府在征地过程中过于宽泛的自由裁量权。它要求从法律上规定公开的征地程序，充分保障有关土地所有权人的知情权、参与权和司法救济权，形成土地权和司法权对行政权的制衡机制，从而确保征用的土地与所追求的公共利益目标相匹配。①

无论如何，所谓社会"公共利益"，应当是指全体社会成员的直接利益。例如，公共道路交通、公共卫生、灾害防治、国防、科学及文化教育事业以及环境保护、文物古迹及风景名胜区的保护、公共水源及引水排水用地区域的保护、森林保护，均属于社会公共利益。在判断是否属于社会公共利益时，要特别注意的是，只有社会成员都能直接享受的利益，才属于社会公共利益。而建设"经济开发区"、"科技园区"等，虽然可以使社会成员间接得到利益，仍属于商业目的，而不属于社会公共利益。从1953年《关于国家建设征用土地办法》和1958年《国家建设征用土地办法》两部法规的"为适应国家建设的需要"，到1982年《国家建设征用土地条例》的"国家进行经济、文化、国防建设以及兴办社会公共事业"，及至1986年、1998年、2004年《土地管理法》"国家为公共利益的需要"的土地征收目的反复强调，可以清楚地知道，"公共利益"的需要作为征地的前提，这一点，始终没有改变，也不会改变，关键是如何界定"公共利益"。

2. 征地程序缺乏公平、公正、公开性

在中国现今还没有单独的土地征收法或土地征收条例，土地征收程序主要规定在土地管理法和实施条例中，其与农用地专用审批等程序混杂在一起，缺乏条例性和清晰度，很容易造成同农用地审批概念混淆，理解偏差。缺乏土地征收公益目的性的认定程序。中国土地管理法中只

---

① 刘浩等：《国内外土地征用制度的实践及其对中国征地制度改革的启示》，《农业经济》2002年第5期。

规定了土地征收必须经过国务院或省、自治区、直辖市人民政府批准，但对土地征收是否基于公共利益的需要却没有任何审查程序。被征地者知情权的保障程序不够完善。如征收土地方案被批准后，征收补偿安置方案拟定后都要予以公告，但仅有公告程序，没有通知程序，不能最大限度地保障被征地者的知情权。征收程序中强制性过浓，政府始终处于主导地位。主要表现为：（1）土地征收方案批准之前基本不考虑被征地者的意见，被征地农民无法通过正当渠道预知自己的土地将被征收；（2）在补偿标准方面，缺乏事先与被补偿者协议价购的程序；（3）土地征收方案的实施凌驾于补偿安置争议是否解决，补偿费是否支付完毕之上。土地征收程序的执行缺乏有效监督。对于征地中出现的违反征地程序的行为缺乏相应的责任条款，导致征地中未批先用、不依法补偿安置、无故拖欠征地补偿费等违法行为时有发生。"两公告一登记"程序执行偏窄，有的缺乏有效公开，例如采用协议征地的方式，即只和村支书、村委会主任等村干部达成协议，征地批准后即开始征地，缺少对该行为的监督和责任追究。规范和完善土地征收程序，有利于制约土地征收行政权力，尊重被征地人的财产权益。

1987—2001 年，全国非农建设占地 3394.6 万亩，其中 70% 是政府以行政方式征用的。据浙江农调队的调查，95% 以上的失地农民没有看到过任何征地的公告、文件；85% 以上的失地农民没有通知参加村民大会；70% 的失地农民不清楚具体的征地费数额。[①] 新中国成立以来除了《政务院关于国家建设征用土地办法》（1953）、《国家建设征用土地办法》（1958）和《国家建设征用土地条例》（1982）是直接针对土地征用而制定的法规外，直到现在中国仍然没有一部具体而完整的《土地征用法》来规范土地征用各权利主体的权利和义务，其法律法规仅以《土地管理法》内所规定的为主，其他散见于各部门法或各行政法规之中，对征地的目的、程序、补偿以及征地纠纷的解决等问题缺乏具体的规范，导致征地的随意性很大，补偿安置存在极大的后遗症，农民往往成为受害者。

---

① 刘浩等：《国内外土地征用制度的实践及其对中国征地制度改革的启示》，《农业经济》2002 年第 5 期。

3. 征地补偿范围小、标准低

补偿范围小，表现为“原始补偿”的方式。从《土地管理法》的相关规定来看，土地征收补偿的原则实为“适当补偿”[①]，本书把它称为“原始补偿”。即按照被征收土地的原来用途给予补偿：原来是耕地的，按耕地的标准给予补偿；原来是林地的，按林地的标准给予补偿；原来是未利用地没有收益的，原则上不给予补偿。对地上物的补偿和对人员的安置也是如此：征收土地之前的地上物给予补偿，征收土地之后新增的地上物则不予补偿；征收土地之前土地上的人员给予安置，征收土地之后新增的人员则不予安置。这种补偿的原则，表明中国土地征收补偿的客体是土地使用权，既没有考虑土地的生态功能和社会保障功能，也没有考虑土地承载功能。

德国的征地补偿原则，经历了由“二战”前的“完全补偿”到战争期间的“相当补偿”再到目前的“公平补偿”；日本实行“完全补偿”原则；美国的“公平补偿”实际上是“完全补偿”；20世纪末独联体国家相继执行“完全补偿”原则。现今时代，国际上大多数国家的征地补偿原则，都以维护土地所有者权益为核心要素。

补偿标准低，表现在以农产值作为征地补偿标准很不合理，体现不出土地价值的区位差异和经营收入差异。根据马克思的级差地租理论，第一，因为土地位置的不同，会产生不同等级的地租，即级差地租Ⅰ；第二，因为在同一块土地上投资的方式不同，会产生不同等级的地租，即级差地租Ⅱ；土地价格由“地租/利息”决定，地价与地租呈正比例关系，即土地价格随地租高低变化而同步变化。中国工业化建设所征土地，有区位差异，有不同建设项目差异，有收益差异，土地价值增值因此而不同程度地增长，可是，征地补偿标准却是统一的，没有考虑这些事实上的差异，没有考虑土地利用方式、种植制度、市场情况等条件的差异，没有或较少顾及现在的城郊农业已不是传统意义上的农业，而是集生态农业、精品农业和休闲观光农业等为一体的现代都市型农业，土地的产出价值已不是普通的粮食或蔬菜价值可比的，仍单以农产值作为征地补偿标准，而且只是按传统的粮经作物来测定前三年的农业产值，

① 王太高：《土地征收制度比较研究》，《比较法研究》2004年第6期。

不考虑增值因素，这不符合市场经济规律。按照市场经济规律的要求，征地补偿应以市场价格为标准来确认，而中国现行的补偿标准没有反映当前的土地市场价格。而且，城市土地均已采取市场机制进行配置，并按市场价格进行交换，农村集体土地还实行计划经济条件下的配给制征用和补偿，这显然是不公平的。

社会上有一种普遍观点认为，农村土地归集体所有，不是农民所有，国家征收的是集体的土地而不是农民的土地，农民不应该得到足额的补偿费。然而这种认识忽视了三个重要方面：一是农民的集体成员权。法律规定农村土地集体所有，农民没有所有权，但是从逻辑上讲，每个农民对集体所有的土地都拥有一份所有权，因为集体内的每个农民享有本集体的成员权，应该对集体所有的土地拥有与自己成员权相对称的一份产权。二是农民的承包经营权。现行的征地补偿制度没有充分考虑农民对集体土地长达 30 年甚至更长时间的承包经营权，承包期 30 年的土地经营权相当于私有制度下 75%—95% 的土地产权。① 三是农民的国民待遇权。在长期的城乡分治的“二元”制度下，农民不享有城市居民所享的各种社会保障，土地是农民赖以为生的唯一生产资料和保障资料，失去了土地等于失去了一切，征地补偿应该能解决农民的生存与发展问题，和城市居民同步享受改革的成果。

这样的补偿制度，是计划时代的产物，不符合市场规则。计划经济时期，不承认相对独立的经济利益组织，生产资料统一调配，社会成员在公有制面前平等相处；征地规模有限，且完全用于公益项目建设，征地行为没有商业化；经济结构比较单一，农业以粮食生产为主，农地价值以粮食产值体现，比较稳定；征地程序由政府机关严格按照法律条例规范操作。在这种经济利益大一统的环境下，征地补偿费的确定以土地原始用途为依据，以农业产值为标准，以货币支付方式为主，不会扩大城乡差距、工农差距。但是，在市场经济条件下，各经济主体表现出相对独立的经济利益要求；经济结构多样化，土地

① 刘小玲：《制度变迁中的城乡土地市场发育研究》，中山大学出版社 2005 年版，第 187—188 页。

价值因之不断增值；工业化建设占地商业化，使土地价值增值无限扩张；征地用途已超出公益项目用地范围；对土地价值的占有，在不同群体中形成不同的利益格局……如此新形势下，还依然采用计划时期的征地补偿制度，明显不符合变化了的情况，损害了被征地农民的基本经济权益。

4. 征地补偿方式、安置方式单一

农民失去了土地，也就失去了赖以生存的基本资料和拥有土地所带来的社会保障权利。目前对失地农民的安置，虽然有就业安置、住房安置、划地安置，但主要是货币补偿的方式，也仅仅是对失地农民的最低生活安排，而且是一次性的，解决不了失地农民的社会保障问题，更不用说失地农民的养老保险、医疗保险、工伤保险等问题，失地农民缺乏起码的最低生活保障。在2000—2002年的三年中，无锡失地农民参加各种养老保险的仅为5.53万人，占失地农民总数的15%；无锡农村为失地农民购买的养老金为2.42亿元，仅占同期土地补偿费总量和土地出让金总额的6.8%和1.66%。在住房、入学和接受法律援助等方面，失地农民更不可能得到与城市居民同样的社会保障。[①] 福州市2000年征地安置人员中，货币安置比例高达82%；浙江省对10个建设用地项目进行抽样调查表明，在安置的3379人中，除172人进入社会保障体系外，其余均为货币安置，比例高达94.1%。[②]

国外征地补偿的主要方式有三种：现金、实物、债券。大多数国家采用现金补偿，同时也相应规定了一些例外的实物补偿，或现金和实物补偿兼用。例如，日本对于征地损失，原则上要用现金进行补偿，也可以通过土地征用委员会裁决，采用提供替代土地的方式进行补偿。具体采用何种补偿方式，也可以协商解决。新加坡法律规定，通常情况下，补偿费应当用现金支付，但地税征收官也可同享有有限权益的当事人进行协商，在保证当事人享有公平权益的情况下，以其他方式进行补偿。韩国和中国台湾地区采用“土地债券”方式进行

① 张莉：《当前中国失地农民利益受损的制度分析》，《广东行政学院学报》2005年第2期。

② 康松等：《城市化进程中失地农民权益损失及其保障对策》，《农村经济》2005年第8期。

补偿。还有的国家规定，可以通过债权的方式对被征土地予以补偿，如津巴布韦等。①

综上所述，中国现行土地征收制度的典型特征是政府垄断，政府禁止土地所有权市场、垄断一级土地市场，土地征用成为国家获得非农建设用地的主要手段。这一制度安排在短期内确保了政府土地征用者的利益，但却相应地损害了农民的利益。地方政府也不遗余力地进行土地征用。尤其是1994年的财政分权改革以来，作为行政主体的各级地方政府成为经济主体，对基层政府官员业绩的考核也日趋偏重于经济产值和经济增长速度等指针。在这样的背景下，地方政府首要的任务是发展地方经济，增强地方经济实力，加之目前农业比较利益偏低，土地非农用与农用相比具有更多的经济收益，要实现财政收入和经济产值的迅速扩张，就必须将土地资源配置给边际报酬率比较高的部门和产业；县以下各级地方政府，在改革后才进入资本原始积累阶段，尽快完成地方政府的资本原始积累是财政分权后地方政府的重要行为特征，以地生财就成为地方政府原始积累的最佳选择。低价征用、高价出让的土地征用垄断政策刺激了地方政府土地征用的欲望，诱使地方政府加大征地力度，并理性地利用政策漏洞对国家的土地征用政策做出因地制宜的解释和因地制宜的变更，导致在征地过程中，漠视农民合法财产权利和正当的民主权利，剥夺征地前的知情权和咨询权、征地中的参与权和话语权、征地后的受益权和监督权，以及利益受损后的法律救济权。

中国现行征地制度设计中存在着伦理缺失。其一，《宪法》和《土地管理法》中仅规定因“公共利益”需要可以征用和征收农村集体的土地，但“公共利益”的范围并未作明确界定，且缺少公共用地的审核认定制度，这是一切非公共性和经营性用地滥用国家征地权的制度根源。其二，征地补偿过低，违背公平原则。法律规定的补偿标准是按被征土地近三年平均产值的几倍计算，以微薄的价值获取具有永续价值的土地；征地补偿范围小，补偿标准过低，导致农民利益严重受损；征地

① 张术环：《浅谈国外征地补偿的方式和原则》，《农业经济》2007年第6期。

补偿方式单一，失地农民缺乏社会保障；非正当行为的垄断性导致征地收益分配不公，农民作为弱势群体一方其权利受到严重损害；土地征收程序不够公正、透明，加重了政府征用权滥用和农民利益受损程度；有关土地征收的行政法律体系不完善，导致土地征收中政府行政行为缺乏约束，侵蚀失地农民权益；行政权侵犯农民的土地权益，集中在政府行使征地审批权不当或违法、征地程序不规范、征后跟踪监察不够等；失地农民权益流失反映在经济权利的渐进性缺失（包括农地流转中的权利缺失和农地非农化中的权利缺失）、政治权利的剥夺性丧失和社会权利的弱化性消失等各个方面；附着在土地上的一切权益损失，是一种全方位、综合性的权益受损（陈锡文，2005）。其三，由于立法赋予了地方政府广泛的征地权和低价购进高价出让，使地方政府的“土地财政”成为一次次“圈地运动”的巨大驱动力，不惜剥夺土地所有者和承包经营者的土地权益。其四，征地权的行使缺少正义性，即违背国际社会征地权定位的“公共利益”需要，只重效率不计公平，各级地方政府对买地卖地巨大差价和土地的非农使用的创值追求中，不顾农业和农民利益，不重视保护土地财产权。

美国联邦宪法第五条修正案的规定为：“非依正当法律程序，不得剥夺任何人的生命、自由或财产；没有合理补偿，不得征用私有财产供公共使用。”美国蒙大拿州宪法第二章第二十九条规定：“没有合理补偿，不得为了公共使用而征收或损害私有财产。”德国法兰克福宪法第一百六十四条第二项规定，唯有因“公共福利之需要，并依法律且给予公正的补偿”情况下，征收才属合法。[①]

对比一下国外的土地征收法，可以看出，从历史上继承下来的中国现行征地法律规定中的缺陷：授予地方政府征地垄断权，没有严格区分公益性用地和经营性用地，执行统一的补偿标准，没有完全考虑土地的区位差异和经营方式的变化，没有完全考虑农民失去土地后的发展问题，效率目标取代了公平原则，在一定程度上有违马克思的经济正义理念和科学发展观所倡导的统筹原则。

① 李蕊：《国外土地征收制度考察研究》，《重庆社会科学》2005 年第 3 期。

第二节　中国农地产权制度的缺陷

征地中的诸多问题，表面上反映的是农用地的价格问题，实质上则暴露了中国现行的农地产权制度的缺陷。从制度经济学角度来看，单项制度安排的效率决定于以下因素：（1）制度规定本身是否具有“普适性”；（2）制度安排实现其功能的完善程度；（3）与生产过程的技术关系是否协调。中国现行的农地产权制度是计划时代的产物，在市场环境中缺乏普遍适用性，导致中国现行的征地制度诸如征地审批制度、征地使用制度、征地补偿制度的不完善，土地利益分配的不公，失地农民经济权益被剥夺。所以，可以说中国现行的农地产权制度的缺陷是造成失地农民经济权益损失的深层原因。

一　农地产权制度的建立及其演变

中国农地产权制度是20世纪50年代集体化运动中，通过强制汇集农民的私有土地权利而形成的，服务于特定历史时期的需要，即国家为控制农村社会、获取农业剩余用于工业化建设的战略目标的需要。

新中国成立以来，中国农村土地产权制度经历了三次重大变革。

第一次重大变革（1949—1953年），土地地主私有制变革为土地农民私人制，建立了单一的土地私有产权制度，土地所有权、经营权、收益权和处置权完全归农民所有。1950年6月颁布的《土地改革法》规定，进行土地改革的目的是消灭地主土地私有制，建立农民个体的土地私有制，给农民以完备的土地产权，包括所有权、经营权、收益权和处置权，建立新型的农业生产关系，改变旧中国农业生产方式，彻底解放农业生产力，促进农业生产大发展。到1952年底，全国大部分地区的土地改革基本完成。

第二次重大变革（1953—1978年），农地产权由私有产权向集体产权转变，取消了农民对土地的个体所有。这次变革分两个阶段：第一阶段，初级农业生产合作社阶段。在这个阶段，建立了土地所有权与使用权、收益权、处置权分离的产权制度，土地所有权归农民，经营权、收益权和处置权归集体，农民以私有土地作为股权加入合作社，土地由合作社统一管理使用，生产农具也归合作社统一管理使用，农民集中统一参加合作社的生产劳动，实行按劳动分配制度。第二阶段，高级农业合作社阶段。在这个阶段，建立了土地所有权、经营权、收益权和处置权高度集中的土地产权制度，把土地农民所有、集体统一经营使用的土地制度改革为集体统一所有、统一经营的土地制度。取消土地报酬，取消初级合作社的土地与大农具入社分红制度，实行平均分配。除保留农村社员的自留地（占土地的5%）的使用权外，土地所有权、经营权、收益权和处置权都归集体所有，土地私有产权制度基本消失。

第三次重大变革，始于20世纪70年代的家庭联产承包责任制，这次农地产权结构变革由农民自发行动而起，农民争取了土地经营权、收益权，土地所有权和处分权仍归集体，形成了“集体所有，农户经营”的农地产权制度新格局。这次农地产权结构的变迁意义重大，农民有了相对独立的经济人格，可以自主地经营土地，成为土地的半个主人，产权理论上应有的激励功能获得一定程度的释放。

但是，不无遗憾的是，中国农地产权制度所经过的合作化、人民公社、“大包干”及第二轮土地承包等变革，都没有从根本上解决农民的土地财产权问题。农民拥有的仍然只是农地耕作的义务，由此造成农地产权结构调整一直由政府主导，而市场机制配置资源的基础性作用几乎失灵。正像诺斯所讲，一旦无效率的制度选择沿着原来的错误路径走下去，就会陷入一种“自动锁定”状态，初始的制度设计会强化现存制度的刺激与惯性，要想脱身而出是非常困难的。

显然，计划经济时代的农地产权制度已不适应市场经济的规则。计划经济条件下的农地产权制度，规定土地属国家所有和集体所有，国家、集体、个人三者利益是一致的，而且个人、集体利益要绝对服从国家利益。在国家利益面前，所有集体、个人是平等的，具有同等的牺牲义务和享受权利。而市场经济条件下，不同的集体、不同的个体，成为独立的利益主体，都有自身的利益追求，而在土地产权不明确、模糊、多元的情况下，在政府具有垄断性的环境下，权力大小直接决定利益分配的多寡，土地利益分配格局必不利于农民这一弱势群体。

中国现行的农地产权制度决定了中国农民没有土地所有权，但是，并不意味着农民就没有土地财产权。随着两权（产权和所有权）的分离，中国经济学界与法学界，从最初将产权界定为财产所有权转向了产权不只是指财产所有权，也可以是除所有权之外的占有权、使用权、收益权等。所以，中国农民土地财产权应该是物权化倾向和使用权的扩大，应界定为土地使用权、收益权和处分权的结合，是一种特殊的财产权，或者说是一种特殊化界定的财产权。尤其是在实行联产承包责任制期内，农民对所承包地应拥有土地财产权。可是，由于中国现行的土地制度及种种法规、政策的缺陷，使得农民实际上不享有土地财产权，具体表现为不享有土地使用权、收益权和处分权，即表现为中国农民土地财产权的贫困，致使在征地浪潮中，农民应享有的利益不能得到完全保障。

二　农地产权制度的特性

中国农地产权制度的基本结构特征为两点：

首先，国家土地管理权的实在性。新中国成立以后，国家实行“重、轻、农”的经济发展战略，集中发展重工业和城市建设，农村和农业成为城市和工业建设的强大后盾，以低价为之提供充足和稳定的粮食及其他生产资料，包括土地资源。在特定时期为了特定目的，国家常常会通过政策修订与制度调整的方式，满足特定需要，如德姆塞茨（Demsetz）指出，国家会为了特定目的而有意界定“所有权”残缺，以保障特定目的的实现。建立农地集体所有的土地产权制度，对农民而言，所有权是虚幻的，土地产权是残缺的，目的就是要保持国家实在的土地管理权，无障碍地保证土地供给，为城市和工业化建设提供充足的土地资源。国家通过廉价的征收、征用的方式取得集体的土地所有权，实际操作中，这部分征地权主要掌握在地方政府手中。

其次，集体土地所有权的虚设性。从法学的角度解释，所有权是一种物权，包括占有、使用、收益和处分的权能，土地所有权能够派生出其他的权利，比如占有权、使用权、收益权、处置权、抵押权等，在法律上，集体土地所有权应该是独立的、完整的。但是，从中国农地产权制度的变迁史来看，农地的集体所有权是国家赋予的，国家有权随时收回完整的产权或者部分产权，每次收权放权都是国家意志的体现，农民集体始终是被动的接受者，在其中没有任何主动行为，因此可以说，农地的“集体所有”实为“国家所有”，对农民个体而言，“集体”自然也是虚设的。《民法通则》第七十四条规定：“劳动群众集体组织的财产属于劳动群众集体所有”，这意味着农民个人不是农村集体所有权的主体，村集体所有权的主体是一个高度抽象的主体，即集体经济组织，而所谓的“集体经济组织”既不是一定的法人组织，也不是由集体成员构成的实体组织，由于“集体经济组织”这一主体的模糊性，导致集体所有权权利主体不明。在实践中，“集体经济组织”往往又是农村基层各级政府。

农地集体所有制下的所有权功能的虚假性，造成土地财产实际上处于不断被剥夺的状态。这不仅表现在通常情况下，当它同最高的所有者即国家进行所谓产权交易的时候，不能以市场主体的资格独立、平等地进行谈判，而且表现在特殊情况下国家可以对它的财产进行无偿的调拨。这样，集体所有制实际上就变成了国家所有制。而土地国家所有制的弊端又从两个方面表现出来。一方面，它迫使个人依附于国家；另一方面，它迫使村社共同体依附于国家。对此，马克思在分析亚细亚的所有制时，曾十分深刻地指出：“如果不是私有土地的所有者，而像在亚洲那样，国家既作为土地所有者，同时又作为主权者而同直接生产者相对立，那么，地租和赋税就会合为一体，或者不如说，不会再有什么同这个地租形式不同的赋税。在这种情况下，依附关系在政治方面和经济方面，除了所有臣民对这个国家都有的臣属关系以外，不需要更严酷的形式。在这里，国家就是最高的地主。在这里，主权就是在全国范围内集中的土地所有权。”①

三　农地产权制度的缺陷

中国现行的农村土地集体所有制，是社会政治运动直接分配土地产权的结果。集体所有制既不是一种共有的、合作的私有权，也不是一种纯粹的国家所有权，它是由国家控制由集体承担控制结果的一种制度安排。正是因为土地集体所有制的这个特性，使得土地征收制度中容易出

① 《马克思恩格斯全集》（第25卷），人民出版社1974年版，第891页。

现一些问题。

1. 农地集体所有权主体概念模糊

农地集体产权模糊，表现在产权主体既不是法人，也不是自然人，而是“村民委员会”或“村民小组”，这是不具法律人格的“集合群体”。中国《宪法》、《土地管理法》规定，农村和城市郊区的土地，除由法律规定属于国家所有的以外，属于农民集体所有，农民集体是农地所有权的主体，这个集体有三个含义：一是乡（镇）农民集体；二是村农民集体；三是村内两个以上农村集体经济组织。这样，一方面法律规定了农地所有权的产权主体是农民集体，作为农民集体对农地就有使用权、占有权、收益权和处置权；但另一方面国家又通过强制的法律手段和政策手段，严格限制集体土地的处理权，土地出租、抵押、买卖以及土地用途和使用权的改变都必须经过国家审批。由此导致政府和农民集体对农地所有权的双重交叉拥有，农地集体产权缺乏法律保障，现行的农户对土地的经营权仅属农村土地政策内容，不构成农民稳定长久的土地产权基础，更没有法律保障。因此，征地过程实际上演变成了国家、集体和农民个人为实现各自最大利益所进行的权力博弈的过程，权力决定权利。征地收益分配中，地方政府获得60%—70%，村级集体组织获得25%—30%，农民仅得10%，农民的利益受到了很大的侵害。

2. 农地集体产权制度不完备

农地集体产权制度不完备，不能适应市场经济发展的要求。按《土地管理法》规定：“农民集体所有的土地不得出让、转让或出租用于其他非农建设。”① 也就是说，所有权里面没有土地的处置权，明显是不完整的产权，暴露出土地集体所有权的虚设性。比如，家庭联产承包责任制中农民的土地承包权，按照法律规定农民享有使用和获得收益的权利，但是事实上农民仅有土地经营权。因此，农民对土地的使用权是不完整的，主要体现在经营权的残缺和土地使用权的不稳定。经营权的残缺主要在于农民的经营自主权不充分，使用权的不稳定性主要在于农地产权调整、变动使农民难有长期稳定的预期计划和收益。前者导致了土地在转租、转让过程中实现更大价值的实际可操作性很小，后者则

① 《中华人民共和国土地管理法》，法律出版社2004年版，第9条。

导致了农民对土地利用的短期行为，不愿做长期投资。

历史原因造成了农村集体土地产权的种种问题，诸如主体虚置，主体实践错位、主体代表不明等。新中国成立以来，历次土地改革运动，只是调整土地的使用权，都未触及农民个体的土地所有权，以致立法上造成目前的状况。因此可以说，导致农民经济权益流失的根本原因，在于农村土地所有权的界限不清，产权功能残缺；集体土地所有者代表不明确，集体土地使用权不稳；国有土地和集体土地财产权不平等方面。土改后形成的农民土地产权不是市场自发交易的结果，而是“国家组织大规模群众斗争直接重新分配原有土地产权的结果”（胡麒军，2004）。这一产权依赖于国家意志，决定了农民集体土地产权的不完备性。现行农地产权关系是非市场形成的，具有强烈的行政性，因而缺乏市场机制下财产关系运作的自我稳定性。[①] 表现在：（1）土地面积的非稳定性。（2）补偿的非稳定性。即土地频繁调整不能保证得到相应的投资补偿。（3）经营形式的非稳定性。如过去集体一起经营的形式不会再现。（4）边界的非稳定性。即土地的调整即使面积不变但地边的位置则可能发生变动。总之，农民缺乏对土地完整的、独立的、稳定的和受保障的产权。

土地作为财产具有双重性。一是资源性，二是归属性。从资源性质上看，土地的财产性要求其在占有、使用、交易、收益等方面应当遵循民法财产权利的特点，即自由、平等、协商原则；从土地的归属上看，土地的国家、集体所有的特点，决定了土地在使用、交易、收益等方面，国家、集体必须介入。所以，在长期实践中，国家、集体介入土地经营，只考虑了土地的归属性，忽视了土地的资源性，导致了如下弊端无法解决：其一，国家是个很抽象的概念，国家经营实质上是各地政府在经营，这样，所有权虚置，所有权与经营权不分，导致利益划分、责任承担虚置。其二，农村土地实质是农民在长期地、具体地占有、使用和管理，但却没有交易、收益的分配权。这样将导致权力决定权利，资源自上而下配置，权利的资源配置让位于权力的资源配置，违背了财产交换中权利主体的自由、平等、协商原则，资源无效配置。其三，在抽

① 胡麒军：《论中国农地产权制度变革》，《甘肃农业》2004 年第 7 期。

象的国家、政府概念的“保护伞”下，所有权最终具体到政府中人，政府中人亦是理性经济人，利益最大化者，权力对权利的决定导致财产交换中权利间的不平等，资源的大量浪费与无效配置，腐败与“寻租”行为必然产生。传统的农地产权制度运行在市场环境下，直接表现出农民与政府之间的利益分配关系是一种零和博弈关系，官本位格局下的强政府—弱农民的力量对比态势极其明显。在征地过程中，因制度缺陷等因素，失地农民许多权益受到侵犯，失地农民的生存权、发展权以及文化、教育等方面的基本权益，均因为失地而受到不同程度的损害和影响。

马克思指出：“在每个历史时代中所有权以各种不同的方式、在完全不同的社会关系下面发展着。”① 1988 年中国修改《宪法》和《土地管理法》，承认了农村集体土地经营权的转让，1990 年允许城市国有土地经营权的转让，确立了在土地公有制条件下，实行土地经营权的转让制度。这表明，不仅承认土地经营权是一项独立的财产权，而且还允许土地经营权依照法律程序进入市场交易。但是，仍然还是不承认农民个人的土地所有权，尽管如此，并不意味着农民就没有土地财产权。随着两权（产权和所有权）的分离，中国经济学界与法学界，从最初将产权界定为财产所有权转向了产权不仅是指财产所有权，也可以是除所有权之外的占有权、使用权、收益权等。所以，中国农民土地财产权应该是物权化倾向和使用权的扩大，应界定为土地使用权、收益权和处分权的结合，是一种特殊的财产权。或者说，是一种特殊化界定的财产权。尤其是在实行联产承包责任制期内，农民对所承包地应拥有土地财产权，农户应依法享有的土地承包权、使用权、流转权和收益权事实上已经构成了实质性的土地财产权。2003 年 3 月 1 日开始施行的《中华人民共和国农村土地承包法》，允许“通过家庭承包取得的土地承包经营权可以依法采取转包、出租、互换、转让或者其他方式流转”。也就是说，农民依法享有对土地的支配权和处分权。由此可见，目前农民所合法拥有的土地承包权是一种使用权、收益权和处置权的结合，应该被界定为一种特殊的和实质的土地产权。所以，农民没有土地所有权，不意

① 《马克思恩格斯全集》（第 4 卷），人民出版社 1958 年版，第 180 页。

味着农民没有土地财产权。可是，由于中国现行的土地产权制度及种种法规、政策的缺陷，使得农民实际上不享有土地财产权，具体表现为不享有土地使用权、收益权和处分权，即表现为中国农民土地财产权的贫困，致使征地浪潮中，农民应享有的权益不能得到切实保障。

周其仁（2004）指出，中国的土地制度混合了“土地不得买卖和涨价归公”（强制征地），“国家工业化”（超低价补偿），“人民公社集体所有权”（唯有集体成为农民合法代表）和“香港经验”（土地批租制），而其出发点则是为了解决工业化、城市化占用农地的需要。对中国现行这套组合制度，周其仁认为具有以下特征：（1）农地产权在法律上没有资格作为土地交易的一方，无权参加讨价还价；（2）政府对工业和城市建设用地需求，运用行政权力（包括规划、审批、征地）决定土地的供给；（3）权力租金，而不是土地产权的权利租金，成为目前农地转向工业城市用地的基本经济刺激。①

在国家所有制中，集体共同体只能在经济和政治上依附于国家，而不能作为财产主体而获得独立。如果说共同体——包括作为最高共同体的国家——对个人财产的剥夺是传统社会中没有具有独立人格的个人产生的经济根源，那么，国家对共同体财产的剥夺则是传统社会中没有具有独立人格的组织产生的经济根源。马克思深刻地指出：“在东方专制制度下以及那里从法律上看似乎并不存在财产的情况下，这种部落的或公社的财产事实上是作为基础而存在的……公社的一部分剩余劳动属于最终作为个人而存在的更高的共同体，而这种剩余劳动既表现在贡赋等等的形式上，也表现在为了颂扬统一体——部分地为了颂扬现实的专制君主，部分地为了颂扬想象的部落体即神——而共同完成的工程上。”②关于这一方面的关系即因为最高所有者的实际存在才造成了单个成员的财产所有权被虚拟，马克思的论述同样十分深刻：“因为这种统一体是实际的所有者，并且是公共财产的真正前提，所以统一体本身能够表现为一种凌驾于这许多实际的单个共同体之上的特殊东西，而在这些单个的共同体中，每一个单个的人在事实上失去了财产。或者说，财产对这

① Demsetz, Harold, *Ownership*, *Control and the Firm*, Basil Blackwell. Inc. , 1988, p. 118.

② 《马克思恩格斯全集》（第46卷）（上），人民出版社2003年版，第472页。

单个的人来说是间接的财产，因为这种财产，是由作为这许多共同体之父的专制君主所体现的统一总体，通过这些单个的公社而赐予他的。”①

马克思从个体与共同体的关系角度，深刻地指出个体依附共同体的经济根源。一方面，个体自由独立性的缺失源于其经济资源的缺失，要想获得自由独立，必须以一定的经济资源为前提；另一方面，共同体只要控制了经济资源，就控制了个体的自由独立行动，使之屈从共同体的意志。

① 《马克思恩格斯全集》（第46卷）（上），人民出版社2003年版，第473页。

第三章

失地农民经济权益损失的伦理分析

“经济正义”是经济伦理学研究的主题，以“正义”的价值维度来考察经济的合理性与合目的性问题。“经济正义”从经济伦理角度研究制度伦理，它坚持任何经济制度安排都应包含正义的要求，任何经济制度安排都离不开道德责任，离不开对经济活动中人的命运的终极关怀。其基本原则是权利与义务的对等分配，根本目的是实现人类的最高幸福。马克思的经济正义思想集中体现为，正义源于财产所有权制度；“经济正义”其本质是实现人的全面发展；人的解放与生产力的发展程度密切相关。只有在正义的社会制度下，才能彻底根除各种社会不平等。

第一节　失地农民经济权益损失的非“经济正义”性

失地农民经济权益损失集中体现在现阶段的部分征地行为中，而中国现阶段部分征地行为的经济不正义现象，源于并继续表现在农地资源初始分配不正义（起点）、农地资源交换不正义（过程）、农地资源占有不正义（结果）三个方面。

一　农地资源初始分配不正义

在中国土地社会主义公有制的两种形式中，土地国家所有权的初始分配表现出其正义性。经过 1949 年的《共同纲领》，1950 年的《土地改革法》，国家为了公共利益的需要，控制着重大项目建设用地，如政府机关用地、军事设施用地、国家投资企业用地、所有的公用设施用地等。通过 1953 年的《关于国家建设征用土地办法》，把一些属于农民个人所有或属于集体所有的土地进行有偿征用，转变为国家所有。在对全社会的土地所有关系进行根本性制度变革后，完成了社会主义建设初期资源的必要积累。这在当时和现在来看都是必要的、正当的。

相比之下，土地集体所有权的不正义性有明显的表现。首先，集体土地所有权是手段而非目的。集体土地所有权是社会主义计划经济时代的历史产物，其制度设计意旨是为了将土地作为生产资料与特定的社会群体（农民）结合以发展集体化的农业生产，其目的是为工业建设提供廉价服务，集体土地所有权制度与户籍制度构成一个整体的经济模式。在计划经济环境下，所有权的本质重在调整物之归属关系，其制度设计的目标当然不是在权利自由方面，以今天的市场化环境来评价，它的权能、主体以及客体（界定）均表现出了不正义。《土地管理法》限制集体土地所有权被纳入市场化改造体系，集体土地所有权制度仍停留在计划经济时代。过去的农业模式，在市场经济环境下伤害了农民群体，一种由身份伦理伤害到经济伦理伤害的推进。其次，“集体所有”这种集中的权利形式本身即意味着它不是自由的制度，不属于源于人格主义思想的所有权能。在这种农村集体所有制下，农民仅仅成为国家意志的具体执行者，只有耕作的义务，没有经营的权利。最后，土地集体所有制实际上只是一种“使用权制度”。权利残缺的农民，不能完全决定生产什么，生产多少，怎样生产，甚至对自己的劳动力也不能自由支配，必须服从于集体的劳动安排。阿马蒂亚·森的“权利理论”指出，一个人应该拥有自己劳动力的权利（own-labour entitlement），即一个人有权将自己的劳动力用于自己组织的生产或受雇于他人，否则，即权利贫困，会遭遇剥夺。总而言之，可以说，“集体”仅仅是国家意志的执行者，它不拥有任何资源，它至多只是经营着经济资源。

这一过程是强制性的，而非基于法律、历史传统和市场交易形成的。土地所有权的法律属性在这一变革中逐渐被新赋予的政治属性所淹没，即大多数民事权利特别是财产权利服从于政府的行政权力，作为民事权利的独立性丧失，不同主体的民事权利被赋予不平等的、区别待遇的地位。[①] 正如马克思的产权理论所指出的，产权不过是所有制关系的法律形式，是物的外壳掩盖下的人与人之间的社会经济关系。主体对客体的这种排他性的归属权利并非简单的只是一种主体的意志关系，而首先是一种经济关系，一种经济权利。

在历史的必然性消失，现实的需要性出现时，土地集体所有权制度也应该随之变化。马克思告诉我们，土地产权是生产关系的一种表现，是和社会生产方式相适应的历史范畴，不是永恒不变的，“土地所有权的正当性，和一定生产方式下的一切其他所有权形式的正当性一样，要由生产方式本身具有的历史的暂时的必然性来说明，因而也要由那些由此产生的生产关系和交换关系具有的历史的暂时的必然性来说明”。[②]

根据诺齐克的经济正义理论，有三条正义原则：第一是“获取的正义原则”，即对财产的原始获取，或对无主物的占有是正义的；第二是“转让的正义原则”，个人之间财产的转移、馈赠，如果是合法的、自愿的，则是正义的；第三是“矫正的正义原则”，即对财产占有不正义的矫正，特别是对因历史原因所造成的不公正的占有状况的矫正。因而，分配的正义与否，不在于对市场结果的再分配，更重要的是在于人们获取其权利的出发点是否正当，实现其权利的资格是否正当合法。如果人们获取权利与权益的资格是正当合法的，那么任何分配结果都是正义的，而任何剥夺或限制其权益的做法则是不正义的。这种个人资格的天赋价值决定了社会正义的根本价值标准只能是个人资格和权利的合法保护与充分自由。为此，国家必须采用“补偿原则”和“行为禁止原则”，来履行其对个人资格的保护义务，采用“矫正正义原则”纠正初始资源占有或资源转移过程中形成的不正义状况，特别是因历史原因所造成的不正义的占有状况。中国农村土地资源分配有太多历史问题，需要矫正。

二　农地资源交换不正义

马克思的价值规律告诉我们，商品的价格由价值决定，在交换中遵

---

① 参见孙宪忠《论物权法》，法律出版社 2001 年版，第 251 页。

② 马克思：《资本论》（第 3 卷），人民出版社 2003 年版，第 702 页。

循等价交换原则，这是公平交换的基本前提。亚里士多德认为，交换正义是指等值交换，是交易者必须遵守的交换规则，体现交换主体在经济交往中的平等互利互惠的关系。交换正义的理论前提是，人们进入市场交换的初始资源分配是合理的，每个人都有以自己的资源实现自己经济福利的平等机会，交换是自由公平的，所以，由市场竞争产生的各种分配结果都是正义的。

但是，在中国现行征地行为中，有交换不正义之表象。

首先，交换程序不正义。（1）中国现行法律对于土地征收程序规定得不充分、不明确、不具体。在中国，至今没有单独的土地征收法或土地征收条例，土地征收程序主要规定体现在土地管理法和实施条例中，并与农用地专用审批等程序混杂在一起，缺乏条例性和清晰度，很容易造成同农用地审批概念混淆，理解偏差。（2）缺乏土地征收公益目的性的认定程序。中国土地管理法中只规定了土地征收必须经过国务院或省、自治区、直辖市人民政府批准，但对土地征收是否基于公共利益的需要却没有任何审查程序。（3）被征地者知情权的保障程序不够完善。如征收土地方案被批准后，征收补偿安置方案拟定后都要予以公告，但仅有公告程序，没有通知程序，不能最大限度地保障被征地者的知情权。

其次，交换关系不平等。（1）征收程序中强制性过浓，政府始终处于主导地位。土地征收方案批准之前基本不考虑被征地者的意见，被征地农民无法通过正当渠道预知自己的土地将被征收；在补偿标准方面，缺乏事先与被补偿者协议价购的程序。阜阳市在2003年1—6月国有土地出让中，通过拍卖出让的土地价格为30.57万元/亩，通过挂牌出让的土地价格为16.33万元/亩，但是对农民的最高补偿为2.3万元/亩，农民抱怨说政府以7万元/亩的价格卖了他们的地，却只给他们2.3万元/亩的补偿费用。[①] 在云南省东北部的一个村子中，地方政府以15万元/亩的价格出售850亩的土地给投资商，最终付给村集体的补偿费仅为2.8万元/亩，其中农民获得的仅有0.9万—1万元/亩，大约是

① 《中国国土资源报》2003年8月12日。

土地权出售价格的6%。[1]（2）土地征收程序的执行缺乏有效监督。对于征地中出现的违反征地程序的行为缺乏相应的责任条款，导致征地中未批先用、不依法补偿安置、无故拖欠征地补偿费等违法行为时有发生。

根据西方产权理论的解释，产权是一种权利，是一种排他性的权利。这种权利必须是可以平等交易的法权，而不是不能进入市场的有限权；产权是规定人们相互关系的一种规则，是社会基础性的规则。产权作为规则，其核心功能是保障权利与责任的对等，权利与义务的对称。中国现行征地现实中的一些不正义的交换行为所决定的资源分配的结果是否正义，答案是很明显的。我们要坚持马克思的交换正义原则，规范和完善土地征收程序，约束土地征收过程中行政权力的泛滥，尊重并保护被征地人的财产权益。

三　农地资源占有不正义

由于历史原因，农地资源初始分配不正义；由于征地方式的非市场化，农地资源交换不正义，由此导致农地资源占有不正义。换句话说，农民土地财产权贫困。根据美国宾州西切斯特大学洪朝辉（2004）的研究，中国农民权利贫困（poverty of rights）主要表现为土地财产权利贫困，农民土地财产权利贫困的"最重要特征之一是农民的土地财产权利不断遭到来自政府、农村自治组织和其他势力的'合法'剥夺和非法侵犯，农民集体土地所有权的虚置和多元以及国家垄断的土地处置权的膨胀和随意性"。[2] 文章认为，农民土地财产权贫困表现在土地的使用权、处分权和收益权的贫困。首先，农民的土地使用权贫困表现在妇女的土地承包权利经常被剥夺和歧视。目前，农村妇女不仅在土地承包的数量上与男性农民不同，而且在土地承包期内，若妇女出嫁，她们的承包地往往被没收。其次，农民土地处分权利的贫困，农民缺乏自主决定土地用途的权利。现行的法律规定："农民集体所有的土地由集体

---

① 郭晓林：《中国征地和农村纠纷》，《中国季刊》2003年第422期。

② ［美］洪朝辉：《论中国农民土地财产权利的贫困》，《当代中国研究》2004年第1期。

经济组织的成员承包经营，从事种植业、林业、畜牧业、渔业生产”，同时法律禁止占用基本农田发展林果业和挖塘养鱼；农户转让土地的权利也受到法律限制；农民的土地产权日益成为私营企业“圈地”的牺牲品。最后，农民土地收益权利的贫困。农民无法参与征地费用补偿的决策过程，补偿多少、何时补偿、补偿多久，完全由政府和村民委员会确定；征地单位和农村集体肆意截留农民的土地转让收益。

根据森的权利贫困理论，一个人拥有的权利，就是指“个人能够确立其支配的可供选择的商品束的集合，就被称为个人的‘权利’”。[①] 权利概念关注的是一个人法定的所有权。在各种社会结构中，如果强有力的法律、政治与经济措施可以利用的话，个人就可能确立对一些可供选择的商品束的控制。如一个农民，种植属自己所有的粮食，就被赋予了拥有对所种植东西的权利，在扣除他可能负有的任何义务后，他还有权出售一部分产品，以便购买其他商品和服务。这些可供选择的商品束，通过交换的方式都存在于他的权利集合中。“一个人通过交换所能获得的可供选择的商品束，就是这个人的‘交换权利’。”[②] “……一种被扩展了的权利的概念，它包括更多非正式类别的、通过被接受的合法性概念得到认可的权利成果。”[③] 这些法定权利之外的得到社会认可的权利，虽然在法律上的形式比较弱，但是可能对决定一个人所能获得的商品束的数量，有极重要的意义。权利丧失，就意味着被剥夺，就会陷入贫困，即“权利贫困”。一个人免予权利贫困的社会体系依赖于：(1) 政治体系，即政府能否提供明确的产权保护；(2) 经济体系，即微观上是否有充分竞争的市场秩序，宏观上能否维持稳定的经济环境；(3) 社会体系，包括家庭内部的分工、传统观念中对交换权利和互惠权利的规定等。

以森的权利贫困理论来看，中国农民没有土地交易权，没有土地处置权。中国农民土地财产权的贫困，有着深厚的历史因素与顽强的制度因素。其一，是社会性的整体力量，这种力量集中表达着城市利益。新

---

① Jean Dreze and Amartya Sen, *Hunger and Public Action*, Oxford University Press, 1998, p. 10.

② 同上书，第 11 页。

③ 同上。

中国成立以来，来自城市的行政权力保留了对农村集体土地的权利，直接对农民的土地施加行政性的作用，导致了农民土地财产权的贫困。其二，是在中国城市化进程中，非市场性的城市权益积累，导致农民土地财产权的贫困。其三，是农村土地集体所有制的混沌性产权成本，大多被乡村基层道德失控的行政性组织转嫁给农民，导致农民土地财产权的贫困。可以说，农民土地财产权的贫困，是一种权利失衡的结果，是管理者的权力无限扩大的结果，在农民从“农民”到“失地农民”这一角色的沦落过程中，政府与农民之间是一种权利的零和博弈的关系，博弈双方力量强弱取决于利益集团整体力量的对比。

黄海从法社会学的角度，分析了中国农民土地财产权贫困问题。文章指出，1978 年以后中国实行的家庭联产承包责任制，使得农民的土地财产基本归位。但这种变迁是浅层次的：一是农民土地财产权的定义和性质不明确；二是财产主体的权利和归属分裂；三是财产客体的内涵和界定分离；四是农民土地财产权保护的机制不完善。[①] 刘凤芹（2004）指出，2002 年的《土地承包法》，蕴含了农村土地产权私有化的性质，确定了农民对土地的使用、收益、流转、出租等权限。但是，2002 年法案只是清楚地界定了土地的大多数权利归属于农民，并不能保证农民真正地拥有这些权利。阻碍农民不能确实行使自己的土地权利的障碍有两个：第一，村委会或乡政府越权行使自己的权力，侵占或剥夺农民的土地产权；第二，乡政府或村委会通过收取各项税费侵占或剥夺农民的土地收益或土地租金，变相地侵占了农民的土地产权。[②] 张新光（2004）从新中国成立以来土地制度的变迁史角度，探讨了中国土地产权结构的本质及土地市场化改革中的理论误区。文章指出，中国土地制度的变迁，实际上是政府主导的强制性制度变迁，是国家意志和主流的政治意识形态决定着中国多半个世纪土地产权制度变迁的基本方向。土改、合作化、人民公社、“大包干”及第二轮土地承包制等的多次变革，根本没有涉及农民的土地财产权问题。所建立的农村土地集体

① 黄海：《赋予农民土地财产权——一种法社会学的解释》，《湖南经济管理干部学院学报》2004 年第 1 期。

② 刘凤芹：《农村土地产权的归属、效率和改革方案》，《学说联机网》2004 年第 6 期。

所有制，实际上使农村集体长期处于“主体缺位”即主体权利贫困的状态。[①] 张孝直（2000）提出中国农民土地财产权贫困问题的根本在于农民与政府力量对比的关系上，农民太弱小，政府太强大，农民既无法使自己的意志上升为法律，更无法在政府侵犯法律界定的权利时去捍卫权利。[②] 邓健鹏（2006）指出，财产权利构成民众维持生存和改进生活质量的必备条件，是诸如生命等其他权利得以依存的基石。在任何时代，正常人先天就有获取、维护和主张财产权的本能。即使在传统中国社会，私人财产权意识不但很难因当时的制度、观念或意识形态的抑制消失，而且会随着经济社会生活复杂化而日渐强烈。[③] 秦晖（2007）尖锐地指出，解决中国农民问题，一是权利（right）的提高；二是农业人口的减少。权利的提高也就是杜润生先生曾经说过的给农民以“国民待遇”。

在马克思看来，“土地所有权的前提是，一些人垄断一定量的土地，把它作为排斥其他一切人的、只服从个人意志的领域”。[④] 由于土地同时具有物和各种权利的特征，因此它总是被看作一种经济资源或资本。土地所有权是人的社会关系在土地问题上的表现，它既是一种社会范畴，又是一种历史范畴。马克思考察了土地所有权在历史上的各种具体形式。“土地所有者可以是代表公社的个人，如亚洲、埃及等那样；这种土地的所有权也可以只是某些人对直接生产者人格的所有权的附属品，如在奴隶制或农奴制度下那样；它又可以是非生产者对自然的单纯私有权，是单纯的土地所有权；最后，它还可以是这样一种土地的关系，这种关系，就像在殖民地的移民和小农土地所有者的场合那样，在劳动孤立进行和劳动的社会性不发展的情况下，直接表现为直接生产者对一定土地的产品的占有和生产。”[⑤] 无论土地所有权关系具体表现如何，总是有明显的不平等性。所以，只要有土地所有权的存在，每个人

---

① 张新光：《中国农地产权制度改革实践中的几个理论问题》，《山西师大学报》（社会科学版）2004 年第 10 期。

② 张孝直：《中国农村地权的困境》，《战略与管理》2000 年第 22 期。

③ 邓健鹏：《财产权利的贫困》，中国法律出版社 2006 年版，第 12 页。

④ 马克思：《资本论》（第 3 卷），人民出版社 2003 年版，第 702 页。

⑤ 马克思：《资本论》（第 3 卷），人民出版社 2003 年版，第 695 页。

对土地的权利是绝对不同的。又由于土地的垄断性，人在屈服于土地的时候，必然屈服于土地所有权人。在中国整个封建时期，“封土授民”、“采邑”、“万户侯”等现象，充分反映了土地所有权关系中的社会关系，以及土地所有权人通过控制土地来控制他人劳动的社会现实。土地所有权与王权、军事强权、国家主权等政治权利密不可分，土地权利就是政治权利，土地权利的改变也都是通过政治斗争来完成的。

在今天的市场经济环境中，关于土地所有权的不平等，被蒙上了市场经济的逻辑，控制土地所有权的人享受了太多的社会权利，权利成为一切财富的源泉。这些都不言自明，对土地的需求刚性及垄断性，对资本的吸纳性以及对制度的依赖性都继续决定着土地不是一种普通的商品，如马克思所指出的，它仍旧决定着人与人之间不平等的经济关系。农村集体不能有效地保护农民的土地使用权、处分权和收益权，农民因为土地权利的贫困，决定了其低等的社会地位，也因为其低等的社会地位，使其缺乏土地财产权。在市场竞争、权力博弈的状况下，权力转化为权利，而同时权力先天不足的农民顺理成章地遭受到权利的被剥夺。

第二节　中西方“经济正义”伦理观的历史差异

一　西方“经济正义”观的源远流长

“正义”（Justice）这一理念，在西方哲学史上经过了从古代的天道、人道、神道的正义观，到近代的革命、秩序、功利的正义观，再到现代的实证主义与相对主义的正义观的演变。虽然不同的时代有不同的正义观，不同的人有不同的正义表达，如古罗马法学家乌尔庇安说“正义乃是使每个人获得其应得的东西的永恒不变的意志”；柏拉图认为“各尽其职就是正义”；亚里士多德认为“正义是某些事物的‘平等’的观念”；西塞罗的正义定义是“使每个人获得其应得东西的人类精神”；埃米尔·布伦纳认为“无论是他还是它只要使每个人得到其应得的东西，那么该人或该物就是正义的。一种态度、一部法律、一种关系，只要能使每个人获得其应得的东西，那么它就是正义的”；霍布斯认为正义的性质在于遵守有效的信约；休谟指出公共福利是正义的唯一源泉；穆勒肯定正义是关于人类基本福利的一些道德规则；罗尔斯讲正义就是平等，如此关于正义的表达，不胜枚举。[①] 其内容丰富浩如烟海，透过缤纷多彩的正义概念的表达表象，深入到人类对自身生命意义的思想深处去考察，便会发现正义的核心价值。从词源层面考察，它标志着一种统一、和谐、理性的社会基本秩序和据之而践行的个人崇高德性；从思想史的角度考察，正义是人们对现实社会经济政治利益关系平衡的价值表达；从哲学视野看，正义是人的尊严、人的自由、人的解放及人的全面发展的根本捍卫；从社会实践史考察，人类不曾停止对正义的追求，正义关乎着人类的自由与社会的进步，正义表达着人类对平等的价值主张，对和谐社会的理想追求，正义表达着人与人之间利益关系的合理化，人的权利和义务的对应化，人的付出和获取的对称化。[②]

“经济正义”（economic justice）萌生于西方源远流长的正义理念，处在正义的一般意义之下，是人类社会经济生活发展的结果。“经济正义”从经济伦理角度研究制度伦理，它坚持任何经济制度安排都应包含正义的要求，任何经济制度安排都离不开道德责任，离不开对经济活动中人的命运的终极关怀。其基本原则是权利与义务的对等分配，根本目的是实现人类的最高幸福。经济与正义的结盟，昭示了人类生活的最终目的超越了经济利益之外，经济学乃至经济活动都应该遵从人文学科的共同宗旨，即为人类寻求合乎人性的幸福生活。

纵观西方经济正义思想的发展史，虽然不同历史时期经济正义思想形成的历史背景不同，在观念上有不同的正义形态和正义主张，但贯穿其中的核心价值无一不是以正义的价值维度来考察经济的合理性与合目的性问题，无一不关乎人类对自由平等的理想追求。

1. 古希腊时期的经济正义观

古希腊时期的经济正义观的形成，是为缓和阶级之间的政治冲突与利益平衡，维持有序的经济生活。如“梭伦改革”中的经济正义观，要求社会成员抑制自己的欲望，不要过分追求财富，通过对城邦土地和

---

① 洋龙：《平等与公平、正义、公正之比较》，《文史哲》2004 年第 4 期。

② 毛勒堂：《什么是正义——多维度的综合考察》，《云南师范大学学报》（社会科学版）2006 年第 5 期。

财富的均衡分配，保证城邦秩序的稳定。柏拉图面对城邦中贫富差距日益严重，在《理想国》中指出私有财产是贫富分化社会动荡的主要根源，提出财产公有的经济正义观。亚里士多德把正义与法律结合起来，认为正义就是合法平等，主张财产私有，经济正义就是经济生活中利益分配和经济交往所遵守的法律规范，其本质在于确保和谐的经济秩序，维护正常的经济生活，最终实现人们平等互利的经济利益。在《尼各马科伦理学》中，亚里士多德详细地阐述了他的经济正义思想。他认为，经济正义存在于人们的利益分配和经济交往中，经济正义具体包括分配正义（distributive justice）、交换正义（commutative justice）和矫正正义（corrective justice）。分配正义就是指应根据每个人的作用分配社会福利，按照等比例的平等原则，平等的人分享平等的份额，不平等的人获得不等的份额。它关注的是权力和责任、权利和义务的对等分配。交换正义是指等值交换，是交易者必须遵守的交换规则，体现交换主体在经济交往中的平等互利互惠的关系。矫正正义是指通过法律仲裁，对在经济交往中违背正义原则的一方进行惩罚，以补偿受损一方的利益。①

古希腊时期的经济正义观念，其基本形式如秩序、适中、履约和承诺，基本内容涉及权利、和谐、互利等。亚里士多德，历史上第一位对经济正义作出较为系统的论述，这是由当时的经济社会背景决定的。在亚里士多德生活的时代，大量财富集聚到商人手中，社会分化严重，更多自由民陷入贫困，而且商人试图取代贵族的统治地位，对当时的社会结构形成强大的冲击力量。对此，亚里士多德认为不能取消私有财产，退回到原始的共产主义状态，合理有效的措施是用经济正义来规范商品生产和商品交换以及财富分配，以约束新兴的商人阶层的行为，保证社会秩序的稳定。

2. 近代经济正义思想

近代经济正义思想包括契约论的经济正义观，功利主义的经济正义

---

① 毛勒堂：《西方经济正义思想的历史脉动》，《云南师范大学学报》（社会科学版）2005 年第 5 期。

观，空想社会主义者的经济正义观。①②

契约论的经济正义观，代表人物有霍布斯（《利维坦》）、洛克（《政府论》）、休谟（《人性论》）、斯密（《道德情操论》）等。其正义的核心思想就是守约。违约则不正义。经济正义就是要求经济行为主体应遵守经济交往活动中的一系列规范与约束，承认并尊重彼此的经济私有权利，维护和履行契约。经济正义依存于契约和契约所界定的权利。判定一个社会状况正义与否的唯一标准是守约、履约还是违约。契约的权威高于王权或政府权威。很明显，契约论的经济正义观，重在强调交换正义或曰程序正义。

功利主义的经济正义观，代表人物有边沁、穆勒、爱尔维修、庇古、马歇尔等。一个世纪以来，功利主义一直是占主导地位的伦理理论，是最有影响的正义理论之一，很长时间统治着传统的福利经济学和公共政策经济学。最初由边沁开创其形式，再由穆勒（John Stuart Miller）、杰文斯（William Stanley Jevons）、赛德威克（Henry Sidgwick）、埃奇沃思（Francis Edgeworth）、马歇尔（Alfred Marshall）和庇古（A. C. Pigou）这些经学家所继承。他们把功利原则引入经济生活。

边沁、穆勒认为，经济正义是以功利原则为基础的个人权利，不应偏重制度性的东西及契约、形式等而忽略其实质性的内容，忽略人的经济正义要求的倾向。当一种制度最大限度地提高功利时，它就是正义的。正义只是促进功利的手段而不是独立的标准，唯一的标准是功利。爱尔维修认为，经济正义是以合理利己主义为基础的均等分配。作为个人利益的组合，公共利益（公共幸福、公共福利）是正义的标准，其内涵是“人人均幸福”。而要达到幸福均等的唯一方法是财产的平均分配。财产均等既是社会效益，又是个人不可剥夺的神圣权利。两个利益相互保证、和谐一致，兼顾二者即为正义，也即合理利己主义。牺牲个人利益满足公众利益，或为了个人幸福损坏他人幸福，都是不正义的。庇古在其1920年出版的著作《福利经济学》一书中论述了福利经济学的两个主要论点：一是国民收入总量越大，则社会福利越大；二是国民

① 周辅成：《西方伦理学名著选辑》（上卷），商务印书馆1964年版，第505页。

② 周辅成：《西方伦理学名著选辑》（下卷），商务印书馆1987年版，第559页。

收入分配越平均，社会福利也越大。为实现分配结果的公平，必须将国民收入从富人手中向穷人那里转移。“这种转移是最重要的，它代表着分配向着有利于穷人的一方的改善。”① 庇古将分配的公平，尤其是有利于穷人生活改善的分配与整个社会的福利结合起来讨论，明确地说明了对社会成员公平的伦理考虑，有助于社会整体的进步和发展。马歇尔主张，在一个经济体制下应该关心那些生活在社会下层的人群。在他看来，社会财富分配上的不均，尽管没有人们经常描述得那样厉害，但也确实是经济体制中的一个严重缺陷。因此，“在不伤害人们自由创造精神与原动力，从而不会大大妨碍国民收入增长的前提下，对这种不均的任何减少，显然是对社会有利的。虽然通过计算提醒我们，要把所有收入都提高到现有特别富裕的手艺人家庭已达到的水平之上，是不可能的，但是那些低于这一水平的收入应该有所提高，即使在某种程度上要以降低此水平以上的人的收入为代价，也的确是值得向往的”。② 马歇尔希望通过改变分配的现状，改善社会下层民众的生活，这样的伦理关怀体现了他对分配正义的关心。在功利主义的经济正义观这里，正义成了促进功利的手段，属于一种手段正义。

空想社会主义者的经济正义观，代表人物有穆尔、欧文等。认为私有制给人类带来不幸和痛苦，使人类社会陷入极度的失衡和灾难境地，只有消除私有制才能实现经济正义和社会公正，人人平等共享财富。穆尔在他的《乌托邦》中指出：“只有完全废除私有制度，财富才可以得到平均正义的分配，人类才能有幸福。”（周辅成，1964）欧文认为：“私有财产是贫困以及由此而在全世界造成的无数罪行和灾难的唯一原因。它在理论上是那样的不合乎正义，而在实践上又同样不合乎理性。”（周辅成，1987）空想社会主义者的经济正义观，可以被认为是分配正义或目的正义，即追求经济正义的理想社会。

近代经济正义思想，比起古希腊时期初步的经济正义观，无论形式上还是内容上都有较系统的论述，从合理的私人财产权到守约公平的交

---

① A. C. Pigou, *The Economics of Welfare*, London, 1924, p. 78.

② Alfred Marshall, *Principles of Economics*, The Macmillan Company, London, 1938, pp. 364 – 365.

换关系及至收入的均等分配，都有系统的论述。契约论者的交换正义的经济正义观，以自然法为其理论基础，主张财产私有，主张市场自由竞争和自由贸易，由此产生的任何经济结果都是正义的。功利主义者的手段正义的经济正义观，为私有制辩护，为追求个人利益的自由经济作理论基石，它反映了资本主义大工业时期的经济关系。空想社会主义者的目的正义的经济正义观，诉求于人人平等的公正社会理念。

3. 当代经济正义理论

对于交换正义（commutative justice）的认识，到了当代基本是一致的。交换正义反映的是市场主体之间的交换关系，其核心原则是公平价格和公平对待，如交换双方出于自愿而非胁迫地交换产品和服务，交换双方公平地讨价还价，交换过程中没有交换者权力和地位的干扰，依此达成的交换契约便是正义的。从根本上讲，交换正义是程序正义，它排除了交换过程中的权力与暴力因素，是在对产权和契约的法律保护下，通过自愿交换实现的，它中立于资源初始分配与市场竞争结果。

因而，当代经济正义理论以分配正义为核心，集中围绕经济利益的分配展开。分配正义（distributive justice）理论是从规范意义上探讨各种社会不平等的性质及原因，并区分个人责任和社会责任，为合理的社会分配制度的设计确立规范的基础。汪行福在《分配正义与社会保障》一书中划分出，广义的分配正义涉及社会善的所有方面，包括权利、权力、收入、财富、机会、社会地位、道德尊严等方面；狭义的分配正义是收入和财富的分配，目的是解决收入和财富的不平等问题。分配正义是对交换正义的结果的局限性的有意识的纠正。因为交换正义的理论预设是，人们进入市场交换的初始资源分配是合理的，每个人都有以自己的资源创造自己经济福利的平等机会，交换是自由公平的，所以，由市场竞争产生的各种分配结果都是正义的。但是事实上，即使交换程序是正义的，分配结果是否正义是需要考证的。因为，第一，交换正义的理论预设是需要论证的，即人们进入市场交换的初始资源分配是不是合理的。第二，交换正义是否一定能保证分配正义。尤其当人们对历史形成的资源初始分配的合法性和市场竞争结果的合理性产生质疑时，分配正义就有了独立意义及制度意义。分配正义的制度意义在于，如果市场竞争不能创造公正合理的初始条件，如果市场本身存在无法根除的垄断性、外部性、规模不经济等，如果市场竞争的自发和偶然结果与人们基本的道德观念冲突，就需要某种补救市场分配的制度予以矫正。①

“二战”后的西方国家，饱受经济危机与战争的重创，纷纷寻求经济重建之路，重树经济正义思想。凯恩斯的国家干预的经济正义思想，在美国产生了“罗斯福新政”（20世纪40年代）、肯尼迪的“新边疆”（20世纪50年代）、约翰逊的“伟大社会”（20世纪60年代）等社会改革，其宗旨都是限制过度竞争和垄断以及各种特权行为，强调公平分配国民收入，消除贫困，建立幸福、安全、公正、合理的社会。“贝弗里奇方案”的经济正义理念，在欧洲国家实现了福利国家理想：通过再分配实现社会财富的公平分配，消灭贫困，保障所有人的基本生活，提供全面的社会服务，增进全社会的公共福利。20世纪70年代，在西方社会，再一次掀起经济正义问题的激烈论战，至今方兴未艾，形成了市场自由主义经济正义论（诺齐克、德沃金）、民主自由主义经济正义论（罗尔斯）、社会认同经济正义论（阿马蒂亚·森）等派别。

罗尔斯的正义论成为“二战”后西方福利国家的理论表述。诺齐克强调分配正义只是基于个人绝对不可侵犯的权利之上的获取和交换的原则，而不是在市场分配之后的再分配原则。德沃金的分配正义论，第一，追求起点的平等，不是结果的平等。在坚持平等原则与个人责任原则结合的同时，突出了个人对自己生活方式选择的责任。当资源平等条件满足后，各人的收入水平取决于个人自己的努力程度。第二，强调再分配的重要性，体现着民主自由主义精神。第三，其方法论是直接诉诸伦理直觉判断并建立理想的理论模型。社会认同论的代表人物阿马蒂亚·森，因其在经济发展观方面的创新研究，荣获1998年诺贝尔经济学奖。

二　中国历史上“经济正义”观的缺失

如果正义的基本理念是自由平等，如西方正义观所界定的那样，它标志着一种统一、和谐、理性的社会基本秩序，它是人们对现实社会经济政治利益关系平衡的价值表达，是人的尊严、人的自由、人的解放的

① 汪行福：《分配正义与社会保障》，上海财经大学出版社2003年版，第85—105页。

根本捍卫，那么中国古代社会缺乏正义理念与正义实践，因为中国古代社会强调的是集团不是个体，是服从不是自由，是义务不是权利，是统一不是个性，是集权不是分治。

宗法血缘关系是中国古代社会关系的灵魂，其特点是父权家长制，父祖是最高统治者，掌握着一切大权，族内的一般成员没有个人权利，都处在父权的绝对控制之下。中国古代家庭的最高原则是“孝悌”，它强调族内成员对家长的绝对服从，绝不提倡成员的平等权利，家庭伦理进一步扩展为政治伦理，父子关系延伸为君臣关系，中国古代政治社会的“家天下”局面的内核就这样定型了，整个社会结构便以此展开。在司法方面，法律是皇帝的意志，赏、杀、罪、赦随皇帝的好恶而变；在财政方面，皇帝“视天下为莫大之产业”，享受“天下恭养”；在行政方面，皇帝掌握所有政务的最终决定权，从中央到地方各级政府机构，都是君主的办事机构，都必须绝对服从君主的旨意。整个专制政治经济社会制度是以对个体小农的强制为基础的，庞大的中央集权统治机器的运转，依靠劳动人民的沉重赋税，如马克思所说“强有力的政府和繁重的赋税是同一个概念”。[①] 所以，中国古代专制政府“重农抑商”，主要是为了巩固其统治地位。因为，农业生产活动可以因土地把人们长期固定在某一地域，孤立劳作，缺少往来，消息闭塞，使其难以结成统一的力量而便于统治者管理。商业活动就不一样了，资产易于携带，流动性强，商人比农民更具有独立精神，足智多谋，统治者对他们难以管理。正因如此，封建统治者中的有识之士主张保护小农利益，如西汉武帝时期的董仲舒提出“限民名田”，抑兼并，唐太宗李世民提出要把徭役赋税控制在小农可以承受的限度内。当然不是因为他们代表了农民的利益，而是因为他们意识到自己的存在必须依赖其对立面的存在。因此，要巩固其统治地位，控制全社会的经济命脉，就必须垄断土地资源。

从周天子开始，就霸道地宣称“溥天之下，莫非王土；率土之滨，莫非王臣”。虽然商鞅变法推行土地“民得买卖”，但是历代的官田、屯田、营田，西晋的占田制，唐的均田制，仍是以封建土地国家所有制

① 《马克思恩格斯选集》（第1卷），人民出版社1997年版，第75页。

为主，农民只有少部分土地所有权和经济自由权。纯粹经济意义上的土地私有权，在春秋战国及汉初时期出现过，但是汉朝政权稳固以后，便对私有地产全部没收。可见，在专制政治支配下的土地私有权是多么的脆弱。贵族官绅一般通过原始占有（包括封赐），投献，自买，豪夺等手段聚敛庞大的土地财产。土地所有权随着政治权力的兴衰而转移。如六国诸侯的土地，在秦政权建立后而丧失，秦末诸侯复兴，恢复了政权也恢复了地权，汉政权的建立，使六国之后代丧失了政权又一次丧失了地权，这种随政权的转移朝代的更替导致土地所有权不断转移的循环史，一直延续到清朝的灭亡。①

整个中国古代史可以说就是一部政权斗争史，政治集权形态贯穿中国社会的发展进程。封建社会的全部经济关系蛰伏在政权的控制之下，国家政权垄断土地资源，进而支配控制劳动人民，巨额的赋税徭役成为整个封建统治机器的经济基础。集权专制的政治制度，泯灭了人们的创造精神，独立精神，等级严密的社会结构，束缚了民众的主体意识，平等意识，更不用说什么权利意识；相反，成功地驯服了民众在权力面前趋之若鹜的追随与依附意识。这种循环，一方面不断加强了中央集权的统治，另一方面不断强化了民众对政权的寄生意识，并代代相传，形成了源远流长的世俗文化，势利与依附渗透其中。缺乏理性精神的文化，只求明哲保身，缺乏正义观的社会生活，到处不平等。如马克思所说："……在这里，对这种剩余劳动的占有不是以交换为中介，而是以社会的一部分人对另一部分人的暴力统治为基础。"②

中国历史上很少认真地追求过起点与过程的"经济正义"，即程序正义，而重在追求结果的正义，并把它狭隘地理解为平均主义。历史上历次的"均田制"运动就是例证。结果正义不是严格意义上的正义。追求结果正义的过程就是一部分人对另一部分人的剥夺，其结果是均贫不是均富。这实际上是一种不正义行为。两千多年来，中国封建统治阶级内部就一直围绕着是否"抑兼并"这个问题在争论（何军，2002），"抑兼并"则朝廷横征暴敛，"不抑兼并"则官僚权贵势力恶性膨胀。

① 刘泽华等：《专制权力与中国社会》，天津古籍出版社 2005 年版，第 3—109 页。

② 《马克思恩格斯全集》（第 26 卷），人民出版社 1972 年版，第 440 页。

中国古代知识分子幻想有“明君”的出现，能够提出解决问题的良策，走出“抑兼并”与“不抑兼并”的困境。这实际上，依然是缺乏独立精神、理性精神，一味依附政权势力的心理表现。

西方理性思想家们从古希腊开始，就关注“正义”与“经济正义”问题，并不幻想“明君”的出现，而是有效地把正义理念制度化了。西方理性思想家清楚，必须要建立一套民主与法治的社会政治结构，才能有效地约束国家政权的集中与专制，才能有效地保护民众的自由平等权利。经过历次的人权运动，最终确立了保障民权、限制君权的宪政体制，自由、平等、权利观已成为文明社会的基本价值观，并不断弘扬。如格劳秀斯认为经济正义就是符合人的本性的，有一定约束的有限私有财产权，是公共权力与财产权利之间不对称但却合理的关系；霍布斯、洛克认为经济正义就是维护和履行契约，履行契约是正义的起点和源泉，经济正义依存于契约和契约所界定的权利；边沁、穆勒认为，经济正义是以功利原则为基础的个人权利，经济正义应归于自我和他人的权利，不应偏重制度性的东西、偏重形式，而忽视其实质性的内容，忽略人的经济正义要求。亚里士多德把正义与法律结合起来，认为正义就是合法平等。总之，经济正义就是经济生活中利益分配和经济交往要遵守的法律规范，其本质在于确保和谐的经济秩序，维护正常的经济生活，最终实现人们平等互利的经济利益。

经济正义存在于人们的利益分配和经济交往中，体现在分配正义、交换正义和矫正正义中。分配正义要求应根据每个人的作用分配社会福利，按照等比例的平等原则，平等的人分享平等的份额，不平等的人获得不等的份额，它关注的是权力和责任、权利和义务的对等分配。交换正义要求等值交换，是交易者必须遵守的交换规则，体现交换主体在经济交往中的平等互利互惠的关系。矫正正义要求通过法律仲裁，对在经济交往中违背正义原则的一方进行惩罚，以补偿受损一方利益。

第四章

保障失地农民经济权益的理论指导与观念构建

第一节　保障失地农民经济权益的基本理论

一　产权理论

（一）马克思的产权理论

马克思的产权理论散见于马克思的诸多著作中，不只在经济学领域，在哲学及社会学领域都有关于产权的阐述。在《德意志意识形态》、《哲学的贫困》、《哥达纲领批判》、《政治经济学批判》、《反杜林论》、《家庭、私有制和国家的起源》这些典籍中，马克思以“所有者”、“所有权”、“所有制”、“私有制”、“公有制”、“个人所有制”等基础性概念，阐释其产权思想，形成了马克思的产权理论。特别是马克思在《资本论》中科学和系统地论述了生产资料的所有关系和劳动力的所有关系，以及由此形成的作为阶级对立基础的资本主义所有制，并把资本主义社会一切罪恶的根源归结为“生产资料的资本主义私人占有”。在《共产党宣言》中明确指出：“共产党人可以用一句话把自己的理论概括起来：消灭私有制。”①

马克思的产权理论，是在对所有制、所有权、财产权的分析层面形成的。马克思认为，所有制的性质决定所有权的性质，“要想把所有权

① 参见侯一边《关于产权理论几个基本概念的探讨》，《经济问题探索》2001 年第 6 期。

作为一种独立的关系、一种特殊的范畴、一种抽象的和永恒的观念来下定义，这只能是形而上学或法学的幻想”。① 马克思指出，人们最初凭借“成员身份”建立了对生产资料的占有关系，在私有制形成以后，即排他性地占有生产资料，使分工具备了生产关系的含义，随之产生了从私人的主观意愿建立法权的社会现象。例如，在资本主义生产关系下，对产权的界定就是以私人的独立性与他人的排他性来规定的，并且产权完全可以进行自由交易，在交易中实现产权的增值。

在马克思的产权理论中，产权概念从属于生产资料所有制理论。具体讲，首先，是指在所有制关系中，人们对生产资料的排他性占有、支配关系；其次，这种排他性的占有关系的实质，是一种人与人之间的关系，即由生产资料的所有权决定人们之间的社会关系是平等的还是相反；最后，财产权所支配的人与人之间的关系，开始于生产和所有制领域，而后发展到交换、分配和消费等领域。

由此可知，马克思关于产权的本质可以表述为，产权不过是所有制关系的法律形式，是物的外壳掩盖下的人与人之间的社会经济关系。在运行机制上，它表现为不同市场主体之间通过交易实现的法律化或社会普遍认同的经济关系；在社会功能上，它是通过交易达到资源优化配置的激励和约束机制；在权能结构上，它是可以在一定程度上、一定空间上、一定时间上适当分离的，包括所有、占有、处置、使用、收益等一切具有排他性的权利。

1. 国内学术界关于马克思产权理论的争论

关于马克思的产权理论的争论，在国内学术界形成了两种观点：

第一种观点认为，马克思只有所有制理论，没有现代意义上的产权理论。王泓远认为，马克思、恩格斯的《共产党宣言》、《反杜林论》、《哥达纲领批判》、《资本论》等一系列著作，论述的都是所有制问题。在马克思看来，所有制的“制”既是社会的经济制度又是法律制度。马克思运用这种观点形成了原始社会、奴隶社会、封建社会、资本主义社会和社会主义、共产主义社会制度的观点。因此，早期的马克思主义者（如斯大林、毛泽东）便把私有制视为资本主义经济制度，把公有

① 《马克思恩格斯全集》（第4卷），人民出版社1958年版，第180页。

制视为社会主义经济制度；同时还将所有制度同经济体制视为同义语，把私有制等同于市场经济，把公有制等同于计划经济。[①] 杨卫国、程承坪认为，马克思只有所有制理论，没有现代意义上的产权理论。[②] 尹德洪认为，马克思产权理论在整体上是科学的，但是马克思的产权理论对于具体问题的研究，如产权的交易、产权的界定、产权的功能等方面的分析并没有形成一个系统的理论。[③] 林岗、张宇分析认为，马克思并没有系统的产权理论，即关于产权的法律形式的理论，而只有系统的所有制理论，即关于产权的经济内容的理论。[④]

第二种观点认为，马克思有产权理论。

这里又有三种类型：第一类，认为马克思的所有制理论就是他的产权理论。吴宣恭指出，在马克思的著作中，多用“eigentum”一词，“eigentum”在德文中是一个多义词，包含有财产、财产权、所有权甚至所有制等多种意思。“只要略为仔细地研究一下马克思如何使用‘eigentum’和‘property’，就可以看出它不仅是指财产这种物或‘客体’，在多数场合指的就是财产权利关系，即产权关系。”[⑤] 张兴茂（2001）把马克思的所有制理论与产权理论作为整体讨论，认为马克思的所有制与产权理论是一个内容丰富的理论体系。[⑥]

第二类，认为马克思的产权理论是独立完整的。叶祥松认为，马克思有明确的产权概念，产权是指财产所有者对其财产所拥有的排他性权利，产权能够反映人与人之间的经济关系。[⑦] 朱春燕认为，马克思经济理论中包含了丰富的产权思想。包括产权的含义、产权反映的经济关系、产权的历史变迁、产权结构变化等多方面思想。[⑧] 和军、李春平认

---

① 王泓远：《所有制与产权的范畴比较》，《当代财经》1998 年第 4 期。

② 杨卫国等：《所有权、财产权及产权新辨》，《经济问题》2007 年第 1 期。

③ 尹德洪：《马克思产权理论和现代西方产权理论比较》，《现代经济探讨》2007 年第 1 期。

④ 林岗等：《产权分析的两种范式》，《中国社会科学》2000 年第 1 期。

⑤ 吴宣恭：《产权理论比较：马克思主义与西方现代产权学派》，经济科学出版社 2000 年版，第 38 页。

⑥ 张兴茂：《马克思所有制与产权理论研究》，《河南大学学报》2001 年第 7 期。

⑦ 叶祥松：《论马克思的产权理论》，《社会科学家》2000 年第 7 期。

⑧ 朱春燕：《马克思产权理论研究述评》，《思想理论教育导刊》2006 年第 6 期。

为，马克思的产权理论是完整、科学的，包括产权的本质、产权的权能结构及产权权利的统一与分离等内容。[①] 吴易风认为，《马克思恩格斯全集》中蕴含着丰富的产权理论，科学的经济理论和丰富的法学知识的结合，使马克思得以创立真正科学的产权理论。[②] 丁任重、杨惠玲认为，马克思不仅建立了完整的所有制理论，同时也建立了内容丰富的产权理论，马克思的产权理论包括产权的本质、产权的权能结构等。[③] 尹焕三认为，马克思在《资本论》中广泛使用所有权、占有权、支配权、使用权、收益权和处置权等，所谓马克思没有产权理论，只是过去理论界没有把马克思的这些思想概括为产权理论而已。[④]

第三类，认为马克思虽有产权理论但不完整，而是渗透在系统的所有制理论当中。刘波认为，在马克思这里，所有制属性决定产权属性，产权上升为法律形式，是物的外壳掩盖下的人与人之间的社会经济关系。[⑤] 刘伟、李风圣认为，在马克思那里，产权包含在所有权概念中；马克思把对产权的分析与对所有制的分析结合在一起，形成了与所有权密不可分的产权理论，在所有制的构架中建立了他的产权理论。[⑥] 孟祥林认为，马克思从多个角度对产权做了详细的研究，但是，只有所有权背后的经济关系，才是马克思研究的重点；马克思认为，所有制关系决定财产权关系，离开所有制关系来孤立地、抽象地考察财产权关系是不成立的，是幻想。[⑦]

2. 国外学术界关于马克思产权理论的主要观点

在西方，也有一部分学者承认马克思的产权理论。诺思在评述马克思的理论框架包含产权理论时称道："在详细描述长期变迁的各种现存

---

① 和军等：《马克思的产权理论与中国产权改革》，《学术论坛》2007 年第 2 期。

② 吴易风：《马克思的产权理论与国有企业产权改革》，《中国社会科学》1995 年第 1 期。

③ 丁任重等：《马克思的产权理论及其现实意义》，《宏观经济研究》2004 年第 4 期。

④ 尹焕三：《马克思产权理论新发掘及其现实意义》，《学术论坛》1996 年第 4 期。

⑤ 刘波：《产权本质：马克思与现代西方学者比较分析》，《经济与社会发展》2005 年第 10 期。

⑥ 刘伟等：《产权通论》，人民出版社 1997 年版，第 695 页。

⑦ 孟祥林：《马克思的产权理论体系分析与现实思考》，《华北电力大学学报》（社会科学版）2005 年第 1 期。

理论中，马克思的分析框架是最有说服力的，这恰恰是因为它完全包含了新古典分析框架所遗漏的所有因素：制度、产权、国家和意识形态。"[①] 熊彼特在评论马克思对产权本质的洞察力时，称赞他"是以穿透崎岖的不规则的表层，并且深入历史事物的宏伟逻辑的眼光来领会它们的"。认为马克思的经济史观"毫无疑问是迄今为止社会学方面最伟大的个人成就之一"。[②] 现代西方产权经济学家 S. 佩乔维奇在对比马克思的产权理论和现代西方产权理论时承认："马克思是第一位有产权理论的社会科学家。"

作者坚持国内学术界的第二种观点中的第三类看法，即马克思的产权理论是所有制体系下的理论。

所有制框架内的产权理论，是马克思产权理论的特点，是不同于现代西方产权理论的一种研究范式。根据林岗、张宇对马克思的所有制理论与西方的产权理论所做的比较分析，认为前者强调整体性、生产性、历史性和经济性，是一种学理体系；而后者则强调个体性、交易性、自然性和法权性，是一种操作体系，而且，西方产权理论中的一些分析方法，具有有效的可操作性，完全可以与马克思的所有制理论相结合，为我们的各项改革与经济建设服务。[③] 到目前为止，研究产权的国内外学者都把财产权视为产权，从这点出发，完全可以把马克思的财产权理论理解为他的产权理论。对财产权的起源，马克思分析道："财产最初无非意味着这样一种关系：人把他的生产的自然条件看作是属于他的、看作是自己的、看作是与他自身的存在一起产生的前提。"[④] 也就是说，伴随着人类物质生产活动的发展，人们逐渐产生了财产权意识，并逐步建立了财产关系，最初是通过习惯或契约来建立和维护，后来是通过法律来实现和维护，随着法律的规范化和普遍化，财产权利上升为法权。正如恩格斯所概括的，人们对生产、分配和交换行为做了规定，人人都

---

① ［美］诺思：《经济史中的结构与变迁》，刘守英等译，上海三联书店 2003 年版，第 68 页。

② Joseph A. Schumpeter, *Capitalism, Socialism and Democracy*, Reprined 1992 by Routledge, p. 17.

③ 林岗等：《产权分析的两种范式》，《中国社会科学》2000 年第 1 期。

④ 《马克思恩格斯全集》（第 46 卷）（上），人民出版社 2003 年版，第 491 页。

必须遵守、服从同一个规则。这个规则开始表现为习惯，后来便成了法律。

可以说，马克思的产权理论的特点主要表现在，不能仅从法律角度来理解产权，简单地将所有权理解成对物的占有，而应透过物权关系看到人与人之间的经济关系。据此，马克思把研究的重点放在了所有权背后的经济关系上，物在马克思的体系中只不过是一个掩盖人与人之间关系的表象，其理论的任务就在于揭开这层面纱。马克思认识到伴随经济关系的复杂化和技术进步，一项所有权可以分解为所有、占有、支配、使用等多项权能，即某个所有者的权利可以分配给多个经济主体。在马克思的产权分析框架中，包含着这样一些主要内容：产权既可以等同于所有权，又可以和所有权分离；产权是所有制的法权形式并反映生产关系的意志；资本主义经济关系下的所有权是一种排他性的、可交易的权利；产权是一个历史范畴，是生产力与生产关系的矛盾运动在一定历史时期的表现形式；所有权是商品交换的前提。

马克思的产权理论与西方现代产权理论，属于不同的意识形态领域，形成了两种不同的研究范式。①②（1）马克思的产权理论运用整体的历史的方法，旨在揭示资本主义所有制关系必然被社会主义所有制关系所取代的本质及其规律，进而揭示人类社会发展运动的必然规律；西方产权理论运用个体的研究方法，就事论事式单从产权表象出发研究产权问题，系统地研究了产权的具体内容，详细地分析了产权的市场运行机制，形成了一系列比较科学的结论。（2）马克思运用历史唯物主义和辩证唯物主义的观点，以联系的方法研究产权问题，以最能反映资本主义生产关系的商品生产为研究的出发点，以最能反映资本主义本质的资本运作和剩余价值的增值为研究主线，目的在于揭示社会形态不断更替的普遍规律，具有历史意义；西方产权理论运用孤立的、个体的研究方法，以个体企业的微观生产活动为研究的出发点，以产权交易及交易成本为研究主线，目的在于降低成本，实现利润最大化的目标，极具功

---

① 参见李杰《试论马克思的产权理论与现代西方产权理论的主要分歧》，《四川大学学报》（社会科学版）2001年第5期。

② 黄少安：《马克思主义经济学与现代西方产权经济学的方法论比较》，《教学与研究》1999年第6期。

利意义；马克思的产权理论认为产权是历史的、暂时的，经济关系决定法权关系；西方产权理论认为产权是超历史的、自然的，法权关系决定经济关系。（3）马克思产权理论的辩证唯物主义和历史唯物主义方法论，有两个层面的意义，第一个层面是其哲学基础或哲学意义上的方法论，是最高和最抽象层次的方法论，它所讨论的是价值观、真理观和科学观。第二个层面是思维原理及方法，即观察经验事实，从事理论研究，构建理论体系的方法，如归纳与演绎的方法、抽象的方法、历史分析方法、制度分析方法、规范分析方法等。（4）马克思运用辩证唯物主义和历史唯物主义的方法，研究和分析了人类各个社会经济形态的所有制和产权关系，创立了完整的所有制和产权理论，成为马克思主义政治经济学的重要组成部分和重要的理论基础。所有制是历史的范畴，是由生产资料产权关系决定的生产关系的总和。

马克思的产权理论与西方现代产权理论也有一些共同之处：都承认产权关系反映一定的经济关系，具有法律效力，产权具有协调功能，可以规范各个产权主体之间的经济关系，维护产权交易的有序和公平，维护经济正义与社会正义。

（二）马克思的土地产权理论

马克思以土地所有制为基础，分析了土地产权关系及其发展变化，这些思想主要体现在《资本论》、《剩余价值理论》等经典著作中。马克思认为，土地产权范畴不是恒定不变的，而是为了和不断变化的社会生产方式相适应则不断变化的，始终是生产关系的表现，始终反映着不同时期人们之间的社会关系，是平等还是被奴役，是合作还是被雇佣，始终是一个反映着生产关系变化的历史范畴，到了一定的社会阶段，产权也会消失。如马克思在《资本论》里所讲："土地所有权的正当性，和一定生产方式下的一切其他所有权形式的正当性一样，要由生产方式本身具有的历史的暂时的必然性来说明，因而也要由那些由此产生的生产关系和交换关系具有的历史的暂时的必然性来说明。"①

在马克思的笔下，是这样分析土地产权结构及其功能的，即土地产权结构包括土地的终极所有权、使用权、收益权、处置权，这些权利组

① 马克思：《资本论》（第3卷），人民出版社2003年版，第702页。

成一个权利束，土地产权结构是一束权利的综合，但是，任一单项权利也可以独立存在，并受法律保护。

土地终极所有权，即土地终极所有者对土地所有权的垄断性占有，排斥其他一切人介入土地所有权界内，巩固其垄断地位，维护其土地权益，并取得法律承认和保护的一种土地所有权。如马克思所讲“一些人垄断一定量的土地，把它作为排斥其他一切人的，只服从自己个人意志的领域”。[①] 土地使用权，是土地经营者以租赁、置换、转让等其他各种方式获得的经营土地的基本权利，受法律保护。土地收益权，即拥有不同土地产权的主体，获得不同类型、不同性质的收益的权利。如土地所有者获得地租的权利，土地租赁者获得利润的权利，同等地都受法律保护。土地处置权，仅对土地所有者而言，即土地所有者对自己所拥有的土地的自愿处理的权利。如自营、出租、置换、抵押、转让、馈赠、出卖等权利，受法律保护。

马克思的土地产权理论揭示了不同产权的属性和功能。在土地产权结构中，终极所有权是核心权利，具有排他性，泾渭分明地划分了土地所有权的归属，所有权人的权益，他人不可侵犯。土地终极所有权，不仅保证了所有者的基本土地收益，还是一种更重要的投资手段，土地所有者利用这一所有权要素，在土地能够投入的所有领域投资，获取土地的价值增值，瓜分经营利润的一部分，土地所有权变成了资本，土地所有者人格资本化。土地处置权在土地产权结构中是实质性权利，处置权的完备与否，反映了土地所有权的完备与否，若没有土地处置权或处置权不完备，那么，土地所有权必定是虚拟的。使用权的独立存在，必须有法律的严格保护，体现在土地使用者的收益权的完整，不被侵犯。

运用马克思的产权一般理论及土地产权理论，解释失地农民的土地财产权问题，研究失地农民经济权益损失问题，有利于我们的社会改革与完善。马克思的产权理论说明，财产权及财产关系不是从来就有的，而是随着人类社会生产活动的进展而逐步形成的；也不是固定不变的，而是随着社会生产方式的变化而变化的，它始终围绕着生产方式的需要而不断调整。如马克思所分析的，财产权利开始是依靠习惯、公认、契

① 马克思：《资本论》（第3卷），人民出版社2003年版，第695页。

约来维护和实现的，后来随着社会经济的发展，法律的普遍化和规范化，一定财产权利就取得了法律上的确认，上升为法权。[①] 特别地，产权是在物的外壳掩盖下的人与人之间的社会经济关系，不是简单的人与物的关系，透过产权关系表面，可以窥见到深层的社会平等与否的伦理关系。所以，失地农民经济权益损失问题，不仅是一个简单的经济问题，而且是一个社会问题，反映了农民的经济地位与社会地位问题，解决好这个问题，是实现经济正义与社会正义的一个重要方面。

马克思的产权一般理论及其土地产权理论，是我们思考、研究问题的理论基础，是我们任何时候都不能偏离的立场与方向。现代西方产权理论的部分内容，可以作为一项思想资源，被我们借鉴，为我们提供工具性的参考，"西学为用"。

（三）现代西方产权理论

现代西方产权理论，发端于 20 世纪 60 年代的美国，以科斯为代表。产权理论有四大主线：交易成本理论（奈特、康芒斯、科斯），产权的效率分析理论（科斯），产权制度的选择和调整理论（阿尔钦、德姆塞茨、威廉姆森），产权制度演进理论（新史学理论）（诺思）。产权理论主要研究的就是如何通过界定、安排产权结构，降低或消除市场机制运行的社会费用，提高运行效率，改善资源配置，促进经济增长。

1. 产权理论的基本内容

科斯认为，产权是人们由于财产的存在和使用所引起的相互认可的行为规范以及相应的权利、义务和责任。他说："产权安排确定了每个人相对于物时的行为规范，每个人都必须遵守他人之间的相互关系，或承担不遵守这种关系的成本。"[②] 具体来讲，科斯产权理论的基本观点有：（1）市场交易是有成本的，企业的存在就是为了节省交易费用；（2）在交易费用为零时，只要产权初始界定清晰，并允许经济当事人谈判交易，就可以实现资源的有效配置；（3）产权初始界定清晰就是界定到自然人；（4）对合法权利的初始界定，可以降低交易成本，提

① 《马克思恩格斯全集》（第 46 卷）（上），人民出版社 2003 年版，第 493 页。

② 徐颖：《西方经济学的产权理论》，《经济研究》2004 年第 4 期。

高经济运行效率。[①]

阿尔钦和德姆塞茨认为，产权是财产权利的简称，是指财产所有权以及与财产所有权有关的一切权利。诸如对财产的占有权、使用权、收益权和处分权等。财产所有者的这些权利是财产所有权所具有的权能。所有权的权能是可以从所有者那里分离出来的，例如租赁业务中，承租人以租金为代价从出租人那里取得租赁物品的使用权。与所有权有关的财产权是在所有权权能与所有人发生分离的基础上产生的，指非所有人在所有人财产上享有的占有、使用，以及在一定程度上依法享有收益和处分的权利。也就是说，与财产所有权有关的财产权是由财产所有权派生出来的各种权利。由于财产的概念是人们对经济资源的使用进行控制而由法律界定，并以货币来衡量的人与人之间的基本关系，因此，产权实际上是对经济活动中人与人之间利益边界的一种界定。在这一界定中，拥有或享有财产所有权或其权能的人、组织称为产权主体，产权主体作用的对象是产权客体。产权客体是指可以被产权主体控制支配或享用的、具有文化科学和经济价值的物质资料以及各类无形资产，如设备、原材料、知识产权、发明权、商标权等。产权具有四个方面的属性，即排他性、可分离性、可分割性和不完备性。[②]

2. 产权的形成机理及其社会功能

阿尔钦认为，产权是一项动态的制度，保障人们对财产的排他性占有，维护财产运营的社会秩序。他分析了产权形成的两种途径，一方面，产权是国家强制实施的制度形式，保障人们对资产的拥有权，保障社会运行的有序性，保障社会公平、正义；另一方面，产权是在市场竞争中形成的，通过市场竞争，人们建立了能够拥有资产权的运行机制，以确保人们在竞争中获得的合法权益，确保竞争的有效性。这被称作阿尔钦“产权范式”。

诺思认为，产权是人口增长压力引起的一种制度安排。当满足人类需要的动植物比较充裕时，对这些资源设置产权的成本将超过带来的利益，于是自然资源被当作部落公共财产使用。当人口持续增长，部落成

① 徐颖：《西方经济学的产权理论》，《经济研究》2004 年第 4 期。

② 同上。

员为了获得公共财产资源而展开激烈竞争时，资源就会变得日益稀缺，使取得财产的成本提高，收益减少。为此，有必要建立和行使产权，规范人们获取财产资源的行为。诺思还认为，有效率的产权使经济系统具有激励作用，这种激励作用体现在三个方面：（1）降低或减少费用；（2）人们的预期收益得到了保证；（3）从整个社会来说，个人的投资收益充分接近于社会收益（在产权行使成本为0时，充分界定的产权使得个人的投资收益等于社会收益）。因此，诺思强调必须对产权进行界定、调整、变革和保护。[①]

德姆塞茨认为，产权是一个人进行合理预期的工具，在他与其他人进行交易的时候，核算成本与收益，以法定的、习俗的、道德的财产权利保护自己的利益不被侵犯。[②]

概括而言，西方产权理论所描述的产权，是指由社会习俗、传统道德、法律规范等形成并强制实施的一系列权利，这些权利有所有权、使用权、收益权、处置权等，这些权利的共同点就是排他性的。换言之，产权是人们关于一个经济物品或一些经济物品的一束权利，产权是这束权利的总称，有时产权也指其中一项权利。产权的特征：（1）产权源于财产所有权，但并不等同于财产所有权；（2）产权具有可分性和排他性；（3）产权具有可交易性与完整性。

西方产权理论对产权从一般意义、形成机理、社会功能、法权性质等方面做了探索与界定。虽然产权理论是以私有制为基础的理论构架，但是，从可操作性上讲，明晰的产权确是一把有效的应用工具，尤其是产权所体现的社会功能，它是经由社会习俗、传统道德、法律规范普遍认同并强制实施的一系列排他性权利，由此反映了各社会成员在排他性产权面前的平等关系，制约了公权对私权的侵犯。我们可以借鉴西方产权理论的可操作性原理，重新理解和界定农民土地财产权，解决好失地农民经济权益损失问题。中国失地农民基本经济权益损失，就是因为他们不享有排他性的土地财产权，不能从法律、习俗、道德等方面保护自

① ［美］诺思：《经济史中的结构与变迁》，刘守英等译，上海三联书店2003年版，第78页。

② 张兴茂：《中国现阶段的基本经济制度》，中国经济科学出版社1992年版，第52页。

身的权利。根据西方产权理论，经济主体可以没有土地所有权，但一定得有完备的土地使用权、收益权、转让权。在我们坚持土地公有制的前提下，由国家掌控土地所有权，但不是不能赋予农民土地使用权、收益权和转让权。承包经营制已经赋予了农民土地使用权、收益权和转让权，但是这些权利缺乏制度刚性和法律的强制性，存在着随时被没收或被侵犯的可能性。这种没收或侵犯农民土地财产权的行为，倒成了一种社会习俗，被社会默认，这不符合马克思主义的经济正义原则。

（四）国内理论界对产权的阐释

国内理论界对产权的阐释，主要是从法律规定、市场交易的角度提炼的，亦是从现代西方产权理论那里演绎来的，如刘伟认为，因为市场交易的需要，产权在本质上就是对财产作为一定的权利所必须作出的界定。[①] 王国平认为，产权是指通过法律界定和维护的人们对财产的权利。[②] 刘诗白认为，所谓产权，包括财产所有权、实际占有权、使用权和处置权，它是具有法律赋予的社会权力的所有、占有、使用、处置关系。产权作为经济所有制关系的法律形式，即法权含义的财产关系，它是特定的生产方式下人们用来硬化一定的所有制关系、约束人们的经济行为、维护与稳定一定的经济秩序的法权工具。[③] 最具代表性的产权理论，当属张维迎的产权理论。

张维迎师从诺贝尔奖获得者 James Mirrlees 教授和产业组织理论专家 Donald Hay，主要研究产业组织和企业理论。他所形成的产权理论，重在改革中国传统的国有企业产权体系，重建产权明晰的现代企业制度。他关注的是企业与企业制度环境之间的关系。张维迎认为，中国企业普遍缺乏信誉，更多的企业经理人追求的是短期利益，而不是长期发展。之所以如此，是因为企业产权制度的模糊和政府过多的管制。其核心思想就是：无恒产者无恒心，无恒心者无信用。产权是信任的基础。[④] 因此，张维迎强调公司治理结构实际上就是建立一种合约关系，

---

① 刘伟：《经济体制改革三论：产权论、均衡论、市场论》，北京大学出版社 1990 年版，第 2 页。

② 王国平：《公有产权论》，立信会计出版社 1994 年版，第 1 页。

③ 刘诗白：《社会主义商品经济与企业产权》，《经济研究》1998 年第 3 期。

④ 张维迎：《产权、政府与信誉》，生活·读书·新知三联书店 2001 年版，第 7 页。

是企业的所有利益相关者之间的合约关系。要明确这个合约关系，首先是产权明晰。一般来讲，公司治理结构是否有效，要考察四个方面的制度安排：企业所有权关系、法律制度、市场竞争机制、经理人的薪酬制度及企业内部的晋升制度。而这一切都建立在产权明晰这一核心基础上。①

张维迎的产权理论成为中国国企产权改革的主要理论依据。对于农地产权问题，张维迎没有直接的理论研究。但我们可以从产权理论本身的内涵上把握农地产权与企业产权的质的共同性，即有恒产者有恒心。所以，农地产权一样具有排他性，是可以平等交易的法权，体现权利与责任的对称，可以为人们的行为提供合理的预期。

二 经济正义理论

经济正义的内涵，可以从三个方面来把握：一是自主权利方面，经济正义首先是指经济人享有并自主行使自己财产的权利，履行契约的一系列权利和义务；二是分配方面，经济正义最终实现于分配正义，分配正义包含由机会平等、程序正义和公平竞争带来的收入分配的合理差距，又包含使最大多数人福利增长的人道主义关怀；三是人的本质方面，经济正义最根本的是指人在一定的经济关系中获得自由和解放，实现自己的本质，求得全面发展。

（一）马克思的经济正义理论

对于马克思的经济正义理论，应该从其基本思想内涵上把握。马克思没有专门的著作从正面直接阐述经济正义问题，马克思通过对资本主义阶级剥削与阶级压迫等非正义性的社会现象的批判，表达了他的经济正义观，其内涵是以人的尊严、自由和平等为基础的。马克思的经济正义观，渗透在他对资本主义社会现实的批判和对社会改造的理论体系当中，是建立在制度正义的基础上，从建立生产资料公有制出发，核心价值是建立和谐理想的社会，最终实现人的自由和解放。即在生产资料公有制的条件下，劳动者自由自觉的劳动（这是人的本质），劳动成为人的第一需要而不再是谋生的手段（异化劳动的消灭），社会物质财富极

① 张维迎：《产权、激励与公司治理》，经济科学出版社2005年版，第7页。

大丰富，社会资源实行按需分配，人人幸福平等，人人拥有自由选择自己生活方式的权利（人的异化的消灭），实现人类的彻底解放。

1. 关于贫困与不平等的根源

不合理的经济、政治、法律制度是造成社会不平等的根源。马克思最初接触到农民的不平等问题，是在 1842 年 10 月受聘任《莱茵报》主编时，遇到的所谓林木盗窃案。为了维护地主阶级的利益，莱茵省议会于 1841 年提出一项法案，其中将捡拾枯树枝也列入林木盗窃的范围，并予以法律制裁。省议会就此法案辩论，马克思参加了这场辩论，并在《莱茵报》上发表了《关于林木盗窃法的辩论》一文，猛烈抨击普鲁士国家和法律制度的非正义性，捍卫贫苦农民的物质利益。指出国家权威变成林木占有者的奴仆，沦为林木占有者的工具。

之后，马克思对摩塞尔地区农民状况进行了研究调查，写了《摩塞尔记者的辩护》，指出摩塞尔地区农民不平等的原因是封建官僚制度。[①] 在这个时候，马克思已经看到了人的活动与国家制度背后的客观的不以人的意志为转移的经济利益关系，首先从制度层面分析出，现存的不合理的经济、政治、法律制度是造成农民困苦生活的根源，尤其是生产资料的私有制，是一切社会弊端的根源，私有制导致工人劳动异化，异化劳动使工人陷入贫困。马克思在《1844 年经济学——哲学手稿》中分析了异化劳动的四个基本规定：第一，物的异化，即劳动产品和工人异化。劳动产品是工人劳动的结果，本应属于劳动者，但是在资本主义社会，“工人同自己的劳动产品的关系就是同一个异己的对象的关系一样”。第二，人的异化，即劳动本身和工人异化。劳动这种“自由自觉的活动”是人的本质，但在私有制条件下，劳动者不能自由支配自己的劳动，劳动成为一种强制性和被迫性的活动，劳动不属于劳动者自己，劳动对工人来说是一种外在的东西。第三，人和人的类本质异化。人的类本质就是“自由自觉的活动”，但在资本主义社会，人的自由自觉的活动变成了仅仅维持其肉体生存的手段。第四，人与人的关系异化。这是以上几方面劳动异化的结果。当人同自身对立的时候，必然与他人对立。

① 《马克思恩格斯全集》（第 1 卷），人民出版社 1995 年版，第 210—243 页。

私有制产生社会分工，社会分工同时制造不平等，使工人陷入贫困。在《德意志意识形态》中，马克思恩格斯分析了社会分工在物质生产活动中的作用的同时，指出社会分工同时产生了对劳动及其产品分配的不平等。分工从最初起就包含着劳动条件、劳动工具和材料的分配，也包含着对积累起来的财富在各个私有者之间的劈分，包含着财富和劳动之间的分裂，包含着对人的强制性束缚。

2. 关于权利与自由平等的本质

马克思认为真正的权利和自由平等是与人类的解放实践要求相联系的，抽象的讨论正义和平等是无意义的，任何道德规范都是社会的特定形态及其特定生产方式的反映。比如，在资本主义生产方式下，正义就是基于私有产权基础上的自由平等交换。由于国家、法律和政治依存于现行的生产方式，因此，权利和正义概念所表达的是它所依赖的生产方式的功能性要求。马克思在《资本论》中指出，权利和正义作为资本主义生产关系的法律表现形式，“其内容只要符合这种生产方式，并充分的保障它，就是正义的，只要与这种生产方式相矛盾就是非正义的。……按照商品的特性，欺诈是非正义的”[①]。他认为真正意义上的经济正义在资本主义社会是无法实现的。资本主义社会对生产力的压抑，对人的自我实现要求的摧残，导致不平等、罪恶、异化及各种社会病态。“劳动者在经济上受劳动资源即生活源泉的垄断者支配，是一切奴役即一切社会贫困、精神屈辱和政治依附的基础。”[②] 真正的权利和自由平等只有在人类的彻底解放中，才能最终实现。

马克思从人类历史发展的高度揭示了权利的本质。所谓权利，只不过是人类在尚未以社会整体的形式摆脱自然的束缚的条件下，通过公共权力的强制力对人与人之间的利害冲突进行调节的一种历史产物。因而在消灭了一切私有制和剥削，全体人民根本利益一致的社会里，权利也将随着公共权力的消亡而退出历史舞台，以权利为代表的一切有阶级社会的强制性的自由关系都将被人与人之间平等和谐的道德自由关系所代替。权利的逐渐消亡在本质上标志着人类征服自然能力的不断提高和人

① 马克思：《资本论》（第3卷），人民出版社2003年版，第339页。

② 《马克思恩格斯全集》（第1卷），人民出版社1995年版，第273页。

类精神自由的充分展现。权利的消亡是一个漫长而复杂的历史过程。在资本主义与共产主义之间，尚存在一个过渡性社会形态，这就是社会主义社会。在这个社会阶段，由于生产的有限性，每个个体的自由发展是不充分的，因为还得不到充分的物质与文化条件，这个社会也不能以完全平等的形式提供有限的发展条件，社会的性质决定了权利的内涵，权利是有限的，由有限的权利决定的自由也是有限的。正因为如此，在这个阶段个人之间的利益关系，个人与集体、国家之间的利益关系，都需要首先规定个人的权利与义务，再由此规范其间各种利益关系，因此，完全可以说，社会主义阶段的权利与自由是有限的。“这个平等的权利还仍然被限制在一个资产阶级的框框里。生产者的权利是和他们提供的劳动成比例的；平等就在于以同一的尺度—劳动—来计量。”① “权利永远不能超出社会的经济结构以及由经济结构所制约的社会文化的发展。”② 马克思精辟地指出，一个社会特定的物质生产方式及其文化结构始终决定着该社会的权利特质，不可能超越这一点，这是马克思历史唯物主义的精髓。

总之，马克思的权利观的特性在于，有限的权利决定有限的自由，个体的权利与自由被整体的权利与自由所替代。马克思指出：“人的本质并不是单个人所固有的抽象物。在其现实性上，它是一切社会关系的总和。”③ 人性不是固定的、抽象的、不可超越的，必定随着社会生产方式的变化而不断变化，这就是社会存在决定社会意识，个体意识也必然随社会生产方式的变化而不断变化。因此，人的权利与自由是多层次的。权利与自由在马克思这里被理解为人类道德的完善和精神的解放，这既是人类的本质，也是人类发展的最高境界，也是马克思终身努力的目标。

3. 关于社会资源的分配

马克思要求根据人类自我实现的社会历史条件建立相应的分配正义原则。指出在社会主义和共产主义社会，只有消灭了私有制，取消市场

---

① 《马克思恩格斯全集》（第9卷），人民出版社1995年版，第21页。

② 《马克思恩格斯全集》（第3卷），人民出版社2002年版，第12页。

③ 《马克思恩格斯全集》（第1卷），人民出版社1995年版，第18页。

经济，消灭雇佣劳动制度，使劳动成为衡量人的贡献和报酬的真正尺度，才能彻底摆脱资本主义社会的不平等状态，才能实现正义的分配。从未来社会的道德理想出发，马克思建立了自己的分配正义理论，即按劳分配和按需分配理论。在《哥达纲领批判》中，马克思立足于产品经济的制度背景，系统地阐述了在社会主义社会和共产主义社会个人收入的分配原则。马克思所设想的社会主义发展阶段，生产行为同样是生活行为，它决定了一个人如何对待别人及其行为道德。因此，当生产资料的公共所有给所有人带来平等时，它的经济收入原则就是按劳分配。到了共产主义社会，就可以实行按需分配。“在共产主义社会高级阶段上，在迫使人们奴隶般地服从分工的情形已经消失，从而脑力劳动和体力劳动的对立也随之消失之后；在劳动已不仅仅是谋生的手段，而且本身成了生活的第一需要之后；在随着个人的全面发展生产力也增长起来，而集体财富的一切源泉都充分涌流之后，也只有在那个时候，才能完全超出资产阶级法权的狭隘眼界，社会才能在自己的旗帜上写上：各尽所能，按需分配！”[①] 按需分配原则是彻底的平等原则，它使人与人之间的分配关系摆脱历史偶然性的束缚，个人需要成了社会财富分配的正义原则。

按需分配是建立在马克思对人的本质的理解之上的。马克思认为人的最高形式是“整体的人”，它彻底摆脱了历史和社会偶然性带来的片面性，把自我实现作为自己最根本的需要，最高的平等便是自我实现的平等。马克思从人的本质而不是人的社会功能出发把握分配正义原则，体现了正义原则的最高要求。

马克思的分配理论，是作广义的分配理论。广义的分配正义涉及社会善的所有方面，包括收入、财富、机会、社会地位、道德、尊严等方面。在今天我们遇到的失地农民利益问题，实际上是一个失地农民的权利问题，政治上的抗争权，经济上的财产权，人格尊严上的自由捍卫与发展权。

对于马克思的经济正义观，我们可以从以下几方面来把握。

首先，马克思指出社会正义的前提是制度正义，这个制度正义的标

---

① 《马克思恩格斯选集》（第3卷），人民出版社1995年版，第644页。

志是阶级的消亡，实现真正的平等。实现真正的平等及社会正义的最关键因素，则是社会生产关系的调整或变革。马克思认为，当彻底改变了旧的生产方式，实现了生产资料公有制的时候，代之而起的生产组织是，任何个人不能奴役他人劳动，而每个人在劳动中又会不断地发展自己。到了这个时候，正义不再停留于形式，停留于表面，而是达到正义的实质内核，实现了实质正义，人类才能享受真正的自由、快乐，自主地决定自己的生存方式。

其次，马克思指出经济正义是无产阶级正义观的最终目标。要实现经济正义，首先是生产正义，分配正义的实现，在两者相统一的基础上的，才能切实实现经济正义，从而最终实现人的全面自由的发展。如马克思所言："真正的自由和真正的平等只有在共产主义制度下才能实现，而这样的制度是正义所要求的。"[①] 即共产主义制度是正义的制度，其正义的实质是经济正义。进一步，马克思从现实出发，指出了实现制度正义，社会正义的具体手段和有效途径是变革生产关系。不难理解，实现制度正义，社会正义的手段，必须在现实的生产力和生产关系之间的矛盾运动中寻找，也只能在这里才能找到有效的手段。马克思的经济正义观使我们明白，只有在各种现实问题、矛盾彻底解决以后，才能实现"实质"的正义，消除各种歧视，享受真正的平等，人类社会从此进入"自由王国"。

我们要坚持马克思的经济正义观为指导，以马克思的经济正义观为立场，指导我们的思想、行为，深刻理解失地农民经济权益的内涵，更好地解决失地农民经济权益损失这个问题。马克思的经济正义观集中体现为：正义源于财产所有权制度，经济正义，社会正义的本质是实现人的全面发展，人的解放与全面发展是和生产力的发展程度密切相关的，只有在正义的社会制度下，才能彻底根除各种社会不平等。所以我们应该不断调整农地产权关系，逐步赋予农民应有的基本权利，不断完善我们的征地制度，使征地制度程序化、市场化，保障农民享受平等待遇，使我们的社会结构不断趋于合乎经济正义的目的性。

---

① 《马克思恩格斯全集》（第1卷），人民出版社1995年版，第243页。

（二）西方经济正义理论

西方经济正义理论，是学术研究领域中宝贵的思想资源，我们可以在坚持马克思的经济正义观，科学发展观的前提下，参考、借鉴其理论研究方法与研究成果，为我们的社会建设所用。

1. 森的“权利”、“自由”经济正义理论

阿马蒂亚·森（Amartya Sen，1933—?），1998 年诺贝尔经济学奖获得者。[①] 他的“自由”经济正义理论，以“权利”为逻辑起点，通过对弱者因为“权利贫困”而导致被剥夺状况的论证，指出社会经济发展应该以自由为目标，自由也是促进发展的不可缺少的重要手段。森的权利理论与自由理论，体现在他的《饥饿与公共行为》、《论经济不平等》、《贫困与饥荒——论权利与剥夺》、《以自由看待发展》等著述中。

森的权利概念包括权利、交换权利、扩展权利。权利，是指“个人能够确立其支配的可供选择的商品束的集合，就被称为个人的‘权利’”。[②] 权利概念关注的是一个人法定的所有权。在各种社会结构中，如果强有力的法律、政治与经济措施可以利用的话，个人就可能确立对一些可供选择的商品束的控制。如一位农民，种植属自己所有的粮食，就被赋予了拥有对所种植东西的权利，在扣除他可能负有的任何义务后，他还有权出售一部分产品，以便购买其他商品和服务。这些可供选择的商品束，通过交换的方式都存在于他的权利集合中。交换权利，是指“一个人通过交换所能获得的可供选择的商品束，就是这个人的

---

① 阿马蒂亚·森（Amartya Sen），1933 年出生于印度孟加拉国国湾，1953 年在印度大学完成学业赴剑桥大学攻读，1959 年获剑桥大学博士学位。先后在印度、英国伦敦经济学院、牛津大学及美国哈佛大学任教。1987—1998 年在哈佛大学担任经济学和哲学双教授职务。森曾任国际经济学会、印度经济学会、美国经济学会的主席。曾为联合国开发计划署写过人类发展报告，曾任联合国前秘书长加利的经济顾问。森的学术贡献涉及公共选择、福利、饥荒和经济发展等领域，是现今为数不多的几个横跨多学科的经济学家之一。森的代表作有《论经济不平等》（1973 年）、《贫困计量的序数方法》（1976 年）、《贫困的水平》（1980 年）、《商品与能力》（1985 年）、《伦理学与经济学》（1987 年）、《生活标准》（1987 年）、《贫困与饥荒》（1981 年）、《饥饿与公共行动》（1989 年）、《不平等的再考察》（1995 年）、《以自由看待发展》（1999 年）等以及两本论文集：《选择、福利和测度》（1982 年）与《资源、价值和发展》（1984 年）。于 1998 年因其在福利经济学方面的贡献获诺贝尔经济学奖。

② Jean Dreze and Amartya Sen, *Hunger and Public Action*, Oxford University Press, 1998, p. 10.

'交换权利'"。[1] 而扩展权利是指"……是一种被扩展了的权利的概念，它包括更多非正式类别的、通过被接受的合法性概念得到认可的权利成果"。[2] 这些法定权利之外的得到社会认可的权利，虽然在法律上的形式比较弱，但是可能对决定一个人所能获得的商品束的数量，有极重要的意义。森的权利体系包含四个方面的权利：（1）以贸易为基础的权利（trade-based entitlement）：一个人有权拥有通过自愿交易所得到的东西；（2）以生产为基础的权利（production-based entitlement）：一个人有权将自己的资源或雇用来的要素用于生产；（3）拥有自己劳动力的权利（own-labour entitlement）：一个人有权将自己的劳动力用于自己组织的生产或受雇于他人；（4）继承和转移的权利（inheritance and transfer entitlement）：一个人有权继承财产或接受赠予。权利丧失，就意味着被剥夺，就会陷入贫困，即"权利贫困"，或曰因权利丧失导致的贫困，或曰权利缺失型贫困。

森的"自由"是一种"实质的"（substantive）意义上的自由，即"可行能力"。"自由是人们能够过自己愿意过的那种生活的'可行能力'（capability）。自由还包括各种'政治权益'（entitlement），比如说，失业者有资格得到救济，收入在最低标准线之下者有资格得到补助，每一个孩子都有资格上学受教育。"[3] 森把个人权利与个人能力结合起来，表达为"可行能力"，成为实质性自由的基本要义。森认为，能力包括狭义的基本生存能力和广义的参与社会活动及获得自尊的能力。从形式上看，一个人的能力就是一个可供选择的功能束的集合，代表着一个人用他的经济、社会和个人特性所能获得的各种可供选择的"活动和存在"的空间。权利与能力的关系表现在，一个人的"权利"是一个可供选择的"商品束"的集合，即一个人所拥有的权利的对象性表现；一个人的"能力"则是一个可供选择的"功能束"的集合，即一个人的权利的主体性体现。更多的权利应归功于或体现于更广泛的能力。权利关系决定于法律、经济、政治等因素，如果权利体制不合理

---

① Jean Dreze and Amartya Sen, *Hunger and Public Action*, Oxford University Press, 1998, p. 11.

② Ibid. .

③ ［印度］阿马蒂亚·森：《以自由看待发展》，任赜、于真译，中国人民大学出版社2002年版，第4页。

或者失败则会出现被剥夺，失去自由。所以，森认为，自由在发展中具有建构性（constitutive）作用，森列举了五种工具性自由：政治自由、经济条件、社会机会、透明性担保以及防护性保障。

森强调“权利方法”的焦点必须要特别关注职业群体。对职业群体的关注，可追溯到古典政治经济学那里，“特别是马克思，他强调依据阶级的分解来分析经济活动的重要性。在这方面，他可能比其他任何学者都做得多。他的分析以无产者、农民、商人、资本家等之间的比较为基础，并以符合整体结构的细节来对具体内容加以丰富。这个总的观点对理解权利的性质，具有核心的重要性。”① 另外，森认为，在社会活动中，合作与冲突是必然的。在不同的人所享有不同的权利的社会关系中，利益的冲突与和谐是共存的。在大多数情况下，人们通过合作能够获得明显的优势；但在利益分配的分歧中，就表现出冲突。“合作冲突”就是利益和谐与冲突的这种共存状态，它为合作，也为争端提供了基础。② 那么，享有权利，冲突就会随时解决；若权利丧失，冲突则必定积累，各方关系恶化，矛盾加剧。

最后，关于“公共行为”，森认为，“我们所指的公共行为并不仅仅是国家的活动，而且包括人民大众所采取的社会行为——不仅有‘合作’的（通过公民合作）还有‘对抗’的（通过社会批评和政治对抗）”，“国家行动的性质和效力在缺乏公众警惕和活动的情况下极易恶化。”③ “公共行为不仅包括国家为公众做了什么，而且还包括公众为自己做了什么。后者不仅包括社会机构所做的直接有益的贡献，还压力集团和政治活动家的行为”，“公共行为还将取决于公众准备做什么，打算做出什么牺牲，决定要求什么，以及拒绝忍受什么。”④ “公共行为的目的，可以被看作是为了提高人们实现有价值的和被赋予价值的‘活动和存在’的能力。”⑤ 森指出，对他人能力、自由的关注，是公共行为的关键作为。应普遍关注“活动”和“存在”及相应的能力的提

---

① Jean Dreze and Amartya Sen, *Hunger and Public Action*, Oxford University Press, 1998, p. 31.

② Ibid., p. 11.

③ Ibid., p. 1.

④ Ibid., p. 64.

⑤ Ibid., p. 12.

高，而不仅仅是关注收入或财富的增加。森借用亚里士多德在《尼各马可伦理学》中的思想，告诫说，我们必须意识到“财富并不是我们所追求的善；因为它只是有用及为了一些其他的目的”。[①] 公共行为还必须关注人生命中的剥夺情况。一个人的能力被剥夺，即可供他选择的功能束缺失或部分缺失或利益表达机制缺失。森强调，国家行为，不仅仅是一个公共递送和政府首倡的问题，它在很大一方面，还是社会转变过程中的公众参与问题。公众参与，对政府政策不论采取“合作”还是“对抗”的态度，都能产生强大的积极作用。另一方面，在这些举措的提倡和实施上，公众对这一行为的要求所产生的对抗也至为重要。在这一对抗功能中，政治激进主义、新闻压力与公众批评等，都作出了主要贡献。两种形式的公众参与，在征服剥夺上都非常重要。[②] 所以，公共行为中的“社会保障”就是运用社会手段来预防剥夺与弱势。森指出，社会手段有直接的、间接的，多种多样，而创造经济发展所需的社会条件，使人们都能普遍分享到发展的成果是最主要的。“社会保障”应该有一个相对于技术意义而言的更宽泛更深刻的含义。技术意义上的社会保障，集中在大量的具体形式上，如失业救济、医疗保险及养老保险。比技术意义更根本的是“将社会保障看作通过公共手段来实施的一种目标，而不是被局限在狭小的范围内的一系列特定政策”。[③] 森强调，社会保障除了“保护”功能还应该有“促进”功能。前者保护生活水平不下降；后者促进生活水平的提高和基本能力、自由的扩大，而且这是一个根本上的长期的任务。这两者同等重要。“保护”和“促进”重在它是实施的目标，不是重在实施这些目标的机构。社会保障的公共行为，既不仅仅是国家活动，也不是施舍或仁慈的再分配，而是“公众活动、相关人群的团结一致，以及所有被卷入者的参与活动，这是社会保障公共行为的重要特征”。[④] 同样地，围绕权利保障，要区分短期的权利保障与长期的权利根本促进。

森的“权利”“自由”经济正义理论的创立，是贫困理论发展的一

① Jean Dreze and Amartya Sen, *Hunger and Public Action*, Oxford University Press, 1998, p. 13.

② Ibid., p. 267.

③ Ibid., p. 17.

④ Ibid..

个里程碑，如瑞典皇家科学院的公告中所说："森在经济科学的中心领域做出了一系列可贵的贡献，开拓了供后来好几代研究者进行研究的新领域。""他结合经济学和哲学的工具，在重大经济学问题讨论中重建了伦理尺度"（restored an ethical dimension）。[①] 联合国秘书长柯菲·安南高度评价了阿马蒂亚·森的研究对发展理论和实践、对联合国发展工作、对发展中国家的发展产生了革命性的影响："全世界贫穷的、被剥夺的人们在经济学家中找不到任何人比阿马蒂亚·森更加言理明晰地、富有远见地捍卫他们的利益。通过阐明我们的生活质量应该不是根据我们的财富而是根据我们的自由来衡量，他的著作已经对发展的理论和实践产生了革命性的影响。联合国在自己的发展工作中极大地获益于森教授观点的明智和健全。"[②]

森的经济正义理论，对我们认识、解决失地农民经济权益损失问题有着深刻的启示。森的理论旨在表明"自由""权利"不仅具有工具意义，更具有比工具意义更重要的实质意义。如森所提倡的"自由"是一种"实质的"（substantive）意义上的自由，即"可行能力"。社会经济发展应该以自由为目标，自由又是促进发展的不可缺少的重要手段。权利以自由为核心，一个人免予权利贫困的社会体系依赖于政治体系，经济体系和社会体系。公共行为的关键所为是对他人能力、自由的关注，应普遍关注人们"活动"和"存在"及相应能力的提高，而不仅仅是关注收入或财富的增加。尤其是公众参与行为，对政府政策不论采取"合作"还是"对抗"的态度，都能产生强大的积极作用。据此，我们可以看到失地农民经济权益损失现象的背后是农民权利不足，即农民"权利贫困"，要免予"权利贫困"，不仅依赖于经济体系，还有社会体系和政治体系。所以，应赋予农民相应的权利，允许充分的公共参与，以权利、自由为价值取向，以增进个人福利为价值目标，并以此判定人的生活及社会状况是否合乎理想正义，或者是否在向理想正义的方向发展。

---

① ［印度］阿马蒂亚·森：《以自由看待发展》，任赜、于真译，中国人民大学出版社2002年版，第2页。

② 同上。

2. 罗尔斯的“公平”经济正义理论

罗尔斯（John Rawls），哈佛大学政治哲学教授。1971 年出版了《正义论》。他的“正义”的主题和对象是社会的基本结构。他把分配正义的实质归结为“公平”。在罗尔斯看来，人们不同的生活前景受到一个社会政治体制和一般的社会条件、经济条件的严重影响和制约，也受到人们在出生伊始即具有不平等的社会地位和天赋、运气的深刻而久远的影响，而且，恰恰这种对人一生影响最大的不平等是个人无法自我选择的，也是在任何社会现实中无法避免的，每个人在天赋、能力、性格、志趣等方面是有差异的。“正义”原则就是要通过社会制度安排来处理和解决这种出发点的不平等，尽量排除自然、历史方面的因素对人们生活前景的影响。这样，罗尔斯提出一种指导社会基本结构设计的两大道德原则：一是作为公平的正义原则（the principle of justice as fairness）；二是差异原则（the difference principle）。前者强调所有人在“原初状态”（the original position）中都是“自由而平等的道德人”，他们在“无知之幕”（veil of ignorance）的限制下，选择一套用以规范社会的正义原则。后者强调的是，社会基本物品（primary social goods）的不平等——权利、机会、收入和财富等——只能在有助于提高社会最少受惠者群体相应地位时才是正义的。总之，罗尔斯的两大正义原则，其核心是诉求于平等地分配社会领域内的各种基本权利和义务，平等地分配社会合作产生的利益和负担，只允许能给最少受惠者利益的那种不平等的分配。无疑，罗尔斯的差别原则偏爱最少受惠者，竭力剔除由于自然优势和社会优势造成的不平等，努力以形式上的不平等取代事实上的不平等。①

罗尔斯的正义论，第一，是无条件的完全平等与有条件的不完全平等的统一，体现在他的研究方法中，他设计一个“无知之幕”作为选择的初始环境，为每个人选择分配正义原则提供一个公平立场（无条件的完全平等）；对社会基本品的分配实行差别原则（有条件的不完全平等）。第二，不仅强调起点公平、机会公平，还强调结果公平。认为

① 何怀宏：《公平的正义——解读罗尔斯的〈正义论〉》，山东人民出版社 2002 年版，第 5 页。

社会有责任通过教育、税收及其他途径改变现实社会中的机会的不平等，以机会平等原则消除竞争起点的不平等，以差别原则把结果的不平等限制在合理的范围内，保护贫者、弱者、社会地位低下者的利益。第三，强调通过制度设计、制度调整来保证分配正义，是一种制度正义论，而且是一种前制度正义论，即它是在具体社会制度选择之前已经存在，社会制度的选择必须要遵循的体现制度本身的道德性。它适合于任何社会之中，不随社会环境的变迁而变化。罗尔斯的分配正义理论，在一定意义上可视为经济学规范基础的重新发现。在他之前，西方社会科学和社会政策的主导模式是功利主义。功利主义的研究方法是把社会作为一个整体，从社会整体出发，而忽视个人权益，它默许为了社会效用的最大化可以牺牲个人权益。罗尔斯试图恢复契约论传统，建立一个平等对待个人的“公平正义论”。虽然罗尔斯被极端自由主义者指责为平等而损害自由，侵犯个人权利；被激进的平等主义者指责为软弱的平等主义。但是，差别原则毕竟成为“二战”后西方福利国家的理论表述。

罗尔斯的“公平”经济正义论对我们的启示在于，要平等地分配社会领域内的各种基本权利和义务，平等地分配社会合作产生的利益和负担。不仅起点平等、过程平等，结果也要平等。我们党长期致力于增进大众公共福利，因此，失地农民应能同步共享中国工业化成果。按照罗尔斯的正义论，平等是任何社会制度建设时首先必须要遵循的原则，它体现着制度本身的道德性，并通过制度设计、制度调整来保证分配正义。我们借鉴罗尔斯的正义论，努力保障人们的平等地位，使它能得到社会的公开承认并唤起人们按照它去行动的正义感，从而激发足够强大的社会支持力量。

3. 诺齐克的“权利”经济正义理论

诺齐克（Robert Nozick），哈佛大学政治哲学教授。诺齐克的正义理论（the entitlement theory），反映在其代表作《无政府、国家与乌托邦》（*Anarchy, State and Utopia*）（1973）里。

诺齐克的经济正义原则中集中体现着个人权利。他认为，分配正义只是基于个人绝对不可侵犯的权利之上的获取和交换的原则，而不是在市场分配之后的再分配原则，分配正义集中表现为“持有正义”。为此，他规定了三条“正义”原则：第一是“获取的正义原则”，即对财产的原始获取，或对无主物的占有是正义的；第二是“转让的正义原则”，个人之间财产的转移、馈赠，如果是合法的、自愿的，则是正义的；第三是“矫正的正义原则”，即对财产占有不正义的矫正，特别是对因历史原因所造成的不公正的占有状况的矫正。根据诺齐克权利理论，如果一个人按照获取正义原则和转让正义原则，或按照不正义之矫正原则而有资格占有这些财产，那么整个占有格局（分配）就是正义的。①

诺齐克坚持个人权利原则，设定了个人权利的绝对性和神圣性，反对国家对社会财富的再分配，认为这侵犯了个人权利，是不正义的。坚持历史原则，或称为“非模式化原则”，他反对任何具体的统一分配标准和分配模式，如结果平等模式，它允许人们采取任何他们愿意采取的合法的转让和交换方式，如道德价值方式或贡献与需求方式。诺齐克反对任何模式化的经济利益分配方式，表明他注重的是个人自由和权利，而不是平等和福利；注重的是效率而不是社会公平和稳定。虽然对现实中社会财富占有的结果不平等表示“遗憾”，但他认为只要符合“持有正义”原则，国家没有理由进行“劫富济贫”的再分配，除非有人自愿捐助或慈善投资。这是他与罗尔斯的分配正义原则的主要差别，罗尔斯的正义论是以个人“平等”为基础，诺齐克的正义论是以个人“权利”为基础。

借鉴诺齐克的“矫正正义原则”，对中国现行征地制度中的历史痕迹予以及时矫正，赋予其适应市场经济需要的制度要素，维护竞争的公平正义程序。

4. 德沃金的“平等”经济正义理论

罗纳德·德沃金（Ronald Dworkin）是美国著名法学家，1982 年提出资源平等理论（equality of resources）。平等观是他的经济正义的理论基础。他的平等观体现为两条原则：第一是平等原则：每个公民都享有一种抽象的平等权。即每个人受到平等对待的权利；每个人作为平等的人受到对待的权利。第二是个人责任原则：个人对自己的行为方式的选择应负有责任。按照平等原则，共同体所拥有的全部资源必须在每个成

---

① ［美］诺齐克：《无政府、国家与乌托邦》，何怀宏等译，中国社会科学出版社 1991 年版，第 3 页。

员之间公平分配。按照责任原则，分配过程及结果必须是充分满足个人自由选择的过程及结果。分配正义应该是这两条原则的结合。①

在德沃金看来，真正的平等是资源的平等，社会应为个人提供正常生活所需要的资源，个人负责把这些资源转化为个人福利。所以，经济正义首先是初始资源的平等分配。资源平等的标准，是“无妒嫉标准”，即任何一种资源分配完成后，没有人认为别人的资源比自己的好，这就体现了平等原则。在福利经济学中，无妒嫉标准和帕累托最优一样是普遍的规范标准，不同之处在于，帕累托最优用于资源配置，无妒嫉标准作为财富和收入的分配标准。德沃金试图以无妒嫉标准作为规范原则解决资源的初始分配问题。实现初始资源的平等分配使之满足无妒嫉标准的最好办法是公平拍卖。公平拍卖不同于平均分割。平均分割方法是把每一种资源都分配成若干份，如果有 n 个人，就分为 n 份，每人得到一份，并根据各自的实际需要可以相互交换资源。这一方法在起点上虽然符合无妒嫉标准，但可能存在效率损失，不是帕累托最优，因为不能保证每人都能交换到自己需要的那种资源，其结果也不符合无妒嫉标准。公开拍卖可以实现起点的无妒嫉和结果的帕累托最优。对初始资源实行平均分配后，通过公平拍卖，使人们在充分考虑资源的机会成本之后，得到各自实际需要的某种资源。这体现了过程与结果是自由选择的原则。而且，拍卖具有市场特征，它并不是解决资源平等的技术性工具，它比通过政府途径更能公平地实现资源的分配。“它是处于伦理理想中心的发现和适应过程的制度化的形式。资源平等预设了资源应该属于生命平等的每一个人。”②

德沃金的分配正义论，第一，追求起点的平等，不是结果的平等。在坚持平等原则与个人责任原则结合的同时，突出了个人对自己生活方式选择的责任。当资源平等条件满足后，各人的收入水平取决于个人自己的努力程度。第二，强调再分配的重要性，体现着民主自由主义精神。第三，其方法论是直接诉诸伦理直觉判断并建立理想的理论模型。

借鉴德沃金的“平等”经济正义理论，旨在表明真正的平等是资

---

① 汪行福：《分配正义与社会保障》，上海财经大学出版社 2003 年版，第 85—105 页。

② 同上书，第 89 页。

源的平等，尤其是初始资源的平等分配。社会应为个人提供正常生活所需要的资源，个人负责把这些资源转化为个人福利。中国农村集体土地资源的初始分配，在计划经济条件下，有其合理性和必要性，但在市场环境下，有太多的不适应因素，需要不断调整，最大限度地实现资源平等分配。

坚持马克思的经济正义观，借鉴西方经济正义理论，综合运用诺齐克的“矫正正义”原则、罗尔斯的“差别”原则、德沃金的“平等”拥有资源的原则、森的“可行能力”与“实质自由”原则，认识、分析失地农民经济权益损失问题，对我们会有太多的启发，有助于我们妥善处理好各方面的社会关系，建设社会主义和谐社会。

第二节 保障失地农民经济权益的观念构建

人猿揖别的主要标志，是人拥有独特的思想观念，思想观念在人类发展史上起着巨大的作用。应该记得韦伯在《宗教与世界》中讲的话：“……由观念所创造出来的世界图像，常如铁道上的转辙器，决定了轨道上的方向，在这轨道上，利益的动力推动着人类的行为。”[①] 还应该记得剑桥大学历史系教授阿克顿在1895年就职演说中说道：“我们的职责是关注和指导观念的运动，观念不是公共事件的结果而是其原因。”[②]

纵观人类社会历史的发展，无论任何时代、任何民族、任何国家、任何政党或社会团体，无论这些政党或社会团体是激进的还是保守的，无论他们持有什么样的政治社会动机，无不以自由、平等等正义观念作为社会变革的旗帜。正义理念是植根于文明社会、市场经济和法治国家的普遍理念。古希腊时期已形成了秩序、适中、履约和承诺的经济正义观；在近代，经济正义要求经济行为主体遵守经济交往活动中的一系列规范与约束，承认并尊重彼此的经济权利，维护和履行契约；到当代，分配正义为合理的社会分配制度的设计确立了规范的基础。

---

① 何怀宏：《平等二十讲》，天津人民出版社2008年版，（总序）第2页。

② 同上书，第4页。

在当代中国，党的十八大报告指出，在新的历史条件下，要夺取中国特色社会主义的新胜利，就必须牢牢把握以下基本要求，并使之成为全党全国各族人民的共同信念。（1）必须坚持人民主体地位；（2）必须坚持解放和发展社会生产力；（3）必须坚持推进改革开放；（4）必须坚持维护社会公平正义；（5）必须坚持走共同富裕道路；（6）必须坚持促进社会和谐；（7）必须坚持和平发展；（8）必须坚持党的领导。

这八条，是马克思主义中国化的经典诠释，是经济正义观的具体体现，其内涵与经济正义观强调的自由、平等、权利一脉相承，是指导我们建设与完善公平正义的经济、政治、法治社会的基本原则，是夺取中国特色社会主义新胜利的最高理念。

因而，可以具体地说，经济正义理念的指导是解决中国失地农民经济权益损失问题的关键环节。

一　科学发展观

科学发展观要求以人为本，注重统筹兼顾，城乡协调、区域协调、经济社会协调、人与自然的和谐。科学发展观是经济正义观的具体体现，其本源于经济正义观，与之一脉相承。坚持科学发展观，解决失地农民经济权益损失问题，是马克思主义中国化的一个重要方面，具有长远的理论意义与实践价值。

首先，科学发展观的经济正义内涵体现了以公正与发展为焦点，制度及规则的公正合理性；经济活动起点公平、竞争有序；充分保障农地产权正义。产权作为现代社会经济生活中一项根本性的权利安排和制度设计，它对经济运行和资源配置效率起着至关重要的作用，产权关系成为一切经济关系的核心和基础。农地产权作为一组权利，应该包括“财产的占有权、使用权、收益权和转让权”四个方面的基本权利和“排他性、可分割性、可转让性”的基本特性。衡量一种产权制度合理性的根本标准是财产权利制度的正义内容，它包含产权主体的平等性、产权获得的正当性、产权保护的严格性等。《物权法》给了一个较为清晰的法律规范，使农地产权正义的逐步实现有了法律依据。

其次，科学发展观要求经济效益、社会效益与维护人的权益的统一，实现农地资源的分配正义。经济正义最终实现于分配正义，合理的分配制度是社会公平的重要体现。科学发展观指出了经济、社会、自然与人和谐发展的方向，初次分配和再分配都要处理好效率和公平的关系，创造机会公平，整顿分配秩序，逐步扭转分配差距扩大趋势。经济正义是经济道德的客观反映，人类崇高的追求，在经济活动中必然体现在道德正义上，它意味着某种超越现实功能的人性的精神需求和以人为本的终极关怀。

最后，科学发展观充分肯定了人是社会历史发展的主人，矫正了传统的以物为本的发展模式对 GDP 的盲目追求和对人的利益的漠视。历史经验告诉我们，当我们充分尊重并切实维护农民的政治权利的时候，当我们充分保障农民的经济权益、发展权益的时候，我们的各项事业就会顺利发展；当我们淡薄了农民的政治权利，忽视了农民的经济权益的时候，我们的各项事业发展就会遇到困难。坚持科学发展观，要求正视农民土地财产权，激励农民的“可行能力”，从根本上把人作为发展的目的，使人的自由、人的权利、人的生存等人的社会价值和个性价值得到充分张扬；把人的生存和发展作为发展的最高价值目标，最终实现人的自由、全面发展。

科学发展观所要求的经济正义的基本原则是权利与义务的对等分配，根本目的是实现人类的最高幸福。它标志着一种统一、和谐、理性的社会基本秩序，它关乎着人类的自由与社会的进步，表达着人类对平等的价值主张，对和谐社会的理想追求，是人的尊严、人的自由、人的解放及人的全面发展的根本捍卫。坚持科学发展观为行动指南，失地农民经济权益损失就会得到妥善解决。

二　权利观

约翰·洛克（John Locke，1632—1704）在《政府论》中指出，个人权利与生俱来，人生而拥有的平等、自由、财产等权利不可剥夺。国家只是人类为了解决自然状态下的困难，祈愿一种“安全、和平的生活”而组建的一种管理组织。国家作为管理机器，其职能是保护个人财产安全，帮助人们实现个人的自由和平等要求，因此，个人权利先于国家权力。尤其是个人财产权的不可侵犯，这是洛克的核心思想。洛克认为，财产权在政治生活中是其他一切权利的根本基础，它可以有效地制止政府权力对个人权利的侵犯，遏制公权向私权领域的延伸，严格保护私人财产权，进一步确保每个人的自由、平等权。[①] 卢梭继承了洛克的权利观，强调“天赋人权”，认为人是生而自由的，这是人性的自由与权利。人类推动社会的文明进步，是为了保护自身的安全，财产的安全和充分的自由。

马克思强调权利是通过公共权力的强制力对人与人之间的利害冲突进行调节的一种历史产物，真正的权利和自由平等是与人类的解放实践活动相联系的，任何道德规范都折射着特定社会形态和生活方式的特点。马克思的权利观提出了人类自由不断发展，最终实现道德完善和精神解放的超越性。只有消灭了私有制，消灭雇佣劳动制度，使劳动成为衡量人的贡献和报酬的真正尺度，才能彻底摆脱社会的不平等状态，才能充分享受权利与自由。

诺贝尔奖获得者阿马蒂亚·森的权利概念，关注的是一个人法定的所有权和交换权。在各种社会结构中，如果强有力的法律、政治与经济措施可以利用的话，个人就可能确立对一些可供选择的商品束的控制。如一个农民，种植属自己所有的粮食，就被赋予了拥有对所种植东西的权利，在扣除他可能负有的任何义务后，他还有权出售一部分产品，以便购买其他商品和服务。这些可供选择的商品束，通过交换的方式都存在于他的权利集合中。扩展权利是指“……是一种被扩展了的权利的概念，它包括更多非正式类别的、通过被接受的合法性概念得到认可的权利成果”。[②] 这些法定权利之外的得到社会认可的权利，虽然在法律上的形式比较弱，但是可能对决定一个人所能获得的商品束的数量，有极重要的意义。可以说，权利主要包含五个要素。第一个要素是利益(interest)，一项权利的产生，是为了保护某种利益。即权利是受到保护的利益，是被道德和法律所认可的利益。第二个要素是主张(claim)，一种利益之所以要由利益主体通过各种方式来主张，是因为它可能受到侵犯或随时处在受侵犯的威胁中。第三个要素是资格（entitlement)，即有资格提出利益主张。资格有两种：一是道德资格，二是

① ［英］洛克：《政府论》，叶启芳、瞿菊农译，商务印书馆 1996 年版，第 152 页。

② Jean Dreze and Amartya Sen, *Hunger and Public Action*, Oxford University Press, 1998, p. 11.

法律资格。专制社会里的民众没有主张言论自由的法律资格，但是具有提出这种要求的道德资格。第四个要素是力量，它包括权威（power）和能力（capacity）。另一种利益、主张、资格必须配以力量才能成为实际的权利。第五个要素是自由（liberty），即权利主体有以自己的意志行使或放弃某项权利的自由，不受外在因素的干预或胁迫。[①]

由此观之，财产权的观念是伴随着人类文明的自然史而形成的。享受财产的权利是人成为人的要件之一，是确保人被当人对待的基本权利。权利语言为正义的诉求提供了一种表述实践理性要求的途径。美国法学家庞德认为，权利在本质上就是一种文明社会中人们由相互之间的承诺而形成的"合理的预期"，是一种法律上得到承认和被划定界限的利益，对财产权的认可标志着人类文明的开端；弗格森则明确地把野蛮人定义为没有财产权观念的人；休谟讲，调节财产分配的规则是人类道德的核心；哈耶克说"哪里没有财产权，哪里就没有正义"。[②] 斯密强调动物无法用手势或语言来表示这是"你的"与"我的"，只有人，之所以为人的人，能做到这一点。

今天，中国失地农民经济权益受损的根本原因就在于农民没有土地财产权，同时，农民也缺乏上述权利所内含的五大要素。我们要正视这个问题，赋予农民应有的基本权利，给他们以"国民待遇"。中国农民应该享有完备的土地财产权，这是经济正义的基本观念。如米瑟斯所言，财产权意味着人们有权采取经济行动以获得、利用和处置财产；财产权是生命权利的延伸，是人类自由与尊严的保障；财产权不是财产作为物的权利，而是人作为人支配物的权利；财产权不仅是人占有物质的权利，而且是精神的权利；财产权限制了政府的行动范围及统治者的专横意志；财产权是抵制统治权力扩张的最牢固的屏障；财产权成为自由、个人自治赖以植根和获取养料的土壤，它对人类的一切精神和物质文明的巨大进步产生着深远的影响。[③]

---

① Sen, A. K., *On Economic Inequality*, Oxford, Clarendon Press, 1973, p. 23.

② 石元康：《当代自由主义理论》，台湾联经出版事业公司 1995 年版，第 175 页。

③ ［奥］米塞斯：《自由与繁荣的国度》，韩光明译，中国社会科学出版社 1995 年版，第 104—105 页。

三 自由、平等观

自由与平等是反对封建等级制度的重要思想武器。卢梭讲人生而平等；洛克讲人在自然状态下享受的自由、平等，在进入社会状态以后，依然要保持，不能减损；亚当·斯密“看不见的手”为自由、平等开辟了践行的实验场；哈耶克坚持，个人是否具有充分的自主选择的可能，在于他所享受的自由的度；德沃金讲过，真正的平等是资源的平等。资源平等预设了资源应该属于生命平等的每一个人。

对于平等，美国政治思想家萨托利认为，平等包含着公正。平等是一种“抗议性理想”，是所有理想中永远不能满足的一个理想，它始终刺激着人们对命运、特权和不公正权力的永久反抗，追求平等的漫长历程不会有终点，它是人类永恒的追求，是对特权永恒的反抗。① 平等对待，就是要求人们应该在很多方面得到平等的对待，不论他们之间存在多大差别。对起点平等的追求和对自由的追求是相互平衡的。但是在国家成为资本家式的所有者的政体中，无论实行生产资料的私有制还是公有制，始终是“权力对人的存在的控制，就是对他的意志的控制”（汉密尔顿）。托洛茨基在讨论斯大林的暴行时写道：“在国家是唯一雇主的国家里，反抗意味着慢慢饿死。旧的原则是不劳动者不得食，如今已被一个新原则所取代：不服从者不得食。”②

福格尔指出，在美国历史上有两个重要的平等原则一直在起着巨大的作用。18 世纪到 19 世纪初，机会平等是普遍原则，“所有的人都有平等的机会”（亚伯拉罕）。面对生活条件的不平等这种自然状态，处于社会底层的人们可以通过自己的勤奋、毅力、才智及其他正当手段达到与他人平等的状态。19 世纪后半期，由于新技术的发展，市场的扩大，企业规模不断强大，经济条件发生了巨大变化，失业大量增加，新的平等原则被提出来，就是条件平等，即通过财政收入转移，为贫困者提供基本的生活保障。到 20 世纪 70 年代，普遍建立了各种福利保障制

---

① 何怀宏：《平等二十讲》，天津人民出版社 2008 年版，第 274 页。

② 同上书，第 305—306 页。

度。之后，机会平等原则又居于人们生活的主导地位。[①] 美国历史上历次平等主义运动（大觉醒运动），其共同点都是在完成了伦理或实际性的改革之后，很快就进行立法或政治改革。第一次大觉醒运动起于18世纪30年代，它的成功引爆了美国大革命。第二次大觉醒运动约始于1800年，通过全面的改革以保证机会平等原则的实现，其间七次修改宪法，同时产生了许许多多的联邦、州和地方法律，内容包括：公正对待当地土著居民，保护妇女权益，推广全民教育，废除奴隶制度等。第三次大觉醒运动从19世纪末开始，重点在经济条件平等方面。“新光明派”（New Lights）不认为人天生是懒惰的，而相信人是勤劳的，以此抗议当时的宗教理论，即贫困的原因在于个人的懒惰。他们倡议推行社会改革，促推进社会多元化发展，建立必要的福利措施，给贫困者提供解救自己的机会和条件。第四次大觉醒运动从1960年开始，集中于精神平等，关注人类的健康生活，如安全丰富的食品，卫生的居住环境，普遍的高等教育，和谐的家庭，社会犯罪的减少，人类寿命的延长等。[②]

机会平等与条件平等，这两个基本的平等原则在美国历史上交替出现，发挥了巨大的社会推动作用，成就了今天自由、平等的美国。伍德认为，美国独立之后发生的激烈的要求平等的社会变革，其彻底程度不亚于一场“革命”，而这场革命产生的最强大的思想力量就是平等观念。平等观念要求摧毁裙带关系、家长制和庇护制，用爱戴、尊重和赞同等新型社会关系重建美国社会，把社会和政府建立在秉公无私的基础上。平等观念一旦释放出来，便以惊人的速度和力量在美国社会中迅猛发展，平等精神不仅光临到贵族精英的头上，它的人性的光芒覆盖了所有的美国人民（赫尔曼—麦尔维尔）。到19世纪初，美国社会已成为西方历史上最平等的社会。[③]

机会平等与条件平等，固然在美国历史上发挥了巨大的作用，但是如果平等仅仅停留在这一层面，那它永远不可能在美国历史上至今成为最强大的思想力量。平等的真正震撼作用在于，普通的美国人相信，

① 何怀宏：《平等二十讲》，天津人民出版社2008年版，第134—135页。

② 同上书，第319—322页。

③ 同上书，第326—330页。

"没有谁的日常举止比他人真正好得多"。这是其他国家所不曾有过的平等。这也是美国在各方面领先于其他国家的真谛所在。

平等是现代社会的主要价值准则之一。有上帝面前人人平等，法律面前人人平等，市场面前人人平等，机会面前人人平等，权利面前人人平等，还有乌托邦的人人一切平等。凡此种种，足以反映出人们对平等的渴望与不懈的追求。

马克思主义的平等观，是自由而全面发展的平等观，是最高目标意义上的目的正义观。从马克思主义观点来看，即使人们都拥有平等的公民权利和政治权利，财富和权力的不平等必然会产生严重不平等的实际结果，这种结果恰恰影响着不同的个体行使那些平等的权利。或者说，限制着平等的自由。对此，马克思早就揭示了以确立所谓普遍的自由、平等与人权为标志的"政治解放"的局限性。只有在高度发达的经济基础上消灭一切非正义的社会现象，才能追求全人类的彻底解放，实现人类社会真正意义上的平等。那么，按需分配原则才是彻底的平等原则，它使人与人之间的分配关系摆脱历史偶然性的束缚，个人需要成了社会财富分配的正义原则。马克思认为人的最高形象是"整体的人"，他彻底摆脱了历史和社会偶然性带来的片面性，他把自由而全面发展作为自己最根本的需要，最高的平等便是自由而全面发展的平等。社会生产关系的合理化调整或变革是实现社会正义的最关键因素。"……任何超出这个范围的平等要求，都必然要流于荒谬。"① 这是马克思恩格斯思想中的首要价值和基本目标，也是马克思恩格斯思想中具有强大生命力的根本原因。

和中国历史相比，今天的中国农民已经获得了相当自由、平等地位。但是，在现行征地交易体制中，农民的自由、平等权还没有得到充分的表达，他们还没有充分的参与到征地事件中，主动表达自身的利益，他们总是被动地接受征地的决策。他们应该伴随经济的进步同等地享受自由、平等权。我们关注征地制度的完善程度，征地程序的规范化程度，征地补偿标准的提高程度，切实考虑被征地农民的长远发展需要的程度等，是体现农民是否真正享受自由、平等权的基本标准。

---

① 《马克思恩格斯选集》（第3卷），人民出版社1995年版，第448页。

四　正义观

正义是人类社会的崇高境界，也是社会主义和共产主义的首要价值之所在。真正的自由和真正的平等只有在共产主义制度下才可能实现，这样的制度是正义所要求的。正义作为人类社会的理想之一，是在高度发达的经济基础之上消灭一切非正义的社会现象，是追求全人类的彻底解放的正义，是“自由人联合体”的正义。

在《哥达纲领批判》中，马克思从未来社会的道德理想出发，建立了按劳分配和按需分配理论。按需分配原则是彻底的平等原则，它使人与人之间的分配关系摆脱历史偶然性的束缚，个人需要成了社会财富分配的正义原则。社会正义的基础是没有了阶级的制度正义，这时，正义才能从“形式正义”进入到“实质正义”，所以，社会生产关系的合理化调整或变革是实现社会正义的最关键因素。马克思正义观的最终目标是在生产正义和分配正义相统一的基础上的经济正义，实现人的全面自由的发展，是个体的全面自由的发展和集体的发展的有机统一。当社会成为全部生产资料的主人，旧的生产方式得到彻底变革时，不仅可能保证一切社会成员有富足的和一天比一天充裕的物质生活，而且还可能保证他们的体力和智力获得充分的自由的发展和运用。在现实的生产力和生产关系之间的矛盾冲突中，蕴含着实现制度正义的终极原因和现实手段，“解放”是一种历史活动，是由历史的关系，由工业状况、商业状况、农业状况、交往状况等促成的。[①] 马克思的经济正义观是我们调整社会结构使之不断趋于完善的长期的指导思想。

约翰·罗尔斯认为，正义是至高无上的。它是社会制度的首要价值。每个人拥有的权利都具有一种基于正义的不可侵犯性，即使为了全社会利益也不能加以侵犯。正义所保障的各种权利，不受政治交易或社会利益的考虑所左右。在作为公平的正义理论中，权利的概念优先于善的概念。罗尔斯的正义论主要是指社会正义，也即社会制度的正义。社会是人们自愿的一个联合体，为实现相互利益而进行合作的事业，它具有一种特征：既存在利益一致方面，又存在利益的冲突方面。之所以有

① 《马克思恩格斯选集》（第3卷），人民出版社1995年版，第298—319页。

一致的一面，是因为社会合作可以使所有的人所过的生活，比每个人单靠自己的力量所过的生活更好；之所以有冲突的一面，是因为人们都希望自己能多得一些通过合作所产生的利益。因此，就必须要有一些原则，来确定利益的分配。这些原则就是社会正义的原则，也是权利分配的原则。这些原则是那些自由的和有理性的人，为了增进自已的利益，站在"原始的平等地位"（initial position of equality）上来规定他们联合的基本条款时可能接受的原则。正义原则是在一种"无知之幕"（veil of ignorance）的后面选择出来的。在罗尔斯看来，人们不同的生活前景受到一个社会政治体制和一般的社会条件、经济条件的严重影响和制约，也受到人们在出生伊始即具有不平等的社会地位和天赋、运气的深刻而久远的影响，而且，恰恰这种对人一生影响最大的不平等是个人无法自我选择的，也是在任何社会现实中无法避免的，每个人在天赋、能力、性格、志趣等方面是有差异的。"正义"原则就是要通过社会制度安排来处理和解决这种出发点的不平等，尽量排除自然、历史方面的因素对人们生活前景的影响。这样，罗尔斯提出一种指导社会基本结构设计的两大道德原则，一是作为公平的正义原则（the principle of justice as fairness），二是差异原则（the difference principle）。前者强调所有人在"原初状态"（the original position）中都是"自由而平等的道德人"，他们在"无知之幕"的限制下，选择一套用以规范社会的正义原则。后者强调的是，社会基本物品（primary social goods）的不平等——权利、机会、收入和财富等——只能在有助于提高社会最少受惠者群体相应地位时才是正义的。

罗尔斯认为，人们不同的生活前景受到社会政治体制和一般的社会条件、经济条件的影响和制约，也受到人们在出生伊始就具有不平等的社会地位和天赋的深刻而久远的影响。而且，恰恰这种对人一生影响最大的不平等是个人无法自我选择的。那么，对这些最初的不平等就应当是制度伦理的"正义"原则所应用的最初对象。"正义"原则就是要通过调节社会制度来处理和解决这种出发点方面的不平等，一个社会要尽量排除自然、历史方面的因素对人们生活前景的影响。社会有责任通过教育、税收及其他途径改变现实社会中的机会的不平等，以机会平等原则消除竞争起点的不平等，以差别原则把结果的不平等限制在合理的范围内，保护贫者、弱者、社会地位低下者的利益。罗尔斯相信，虽然每个人都不知道自己今后的具体命运会怎样，虽然每个人都不了解自己将有何种自然禀赋和心理气质、何种社会机遇，但是，当这些人为自己的切身利益而从各种可能的原则中进行选择时，必然会选择他们提出的两个正义原则。这是因为人们有保护自己的基本权利和维持自尊的天然需要。所以，在罗尔斯看来，应该有一种公开的正义观，来构成一个组织良好的人类联合体的基本条件。社会是一个旨在推进所有参加者的利益的合作体系。社会具有利益一致性，也具有利益冲突性的特征。当利益分配出现冲突时，就需要一系列原则，以便在各种不同的社会和经济制度安排之间进行选择，达成一种实现恰当分配的契约，提供一种在社会的基本制度中分配权利和义务的办法，确定社会各合作者的利益和负担的恰当分配。①

罗尔斯的正义论不仅强调起点平等、过程平等，还强调结果平等。但罗尔斯的结果平等不是简单的平均主义，它是对弱势群体的适当照顾。罗尔斯的正义论是前制度正义，即任何社会制度在建设时，首先必须要遵循的原则。它体现着制度本身的道德性，并通过制度设计、制度调整来保证分配正义。依据罗尔斯的正义原则，保障人们的自由，因为它能得到社会的公开承认并唤起人们按照它去行动的正义感，从而具有足够强大的社会支持力量。

中国处于农业社会向工业社会转型的时期，工业化、城市化的快速发展，必然涉及利益格局的重新调整，这就要求经济正义原则应得到充分的体现。其一，权利与义务对等的原则。这是经济正义的根本原则，只有对社会成员的基本权利予以切实保护，才能够从根本上体现出社会对个人贡献的肯定，体现出对人的尊严的肯定。其二，机会平等的原则。这是经济正义的首要原则，体现在两个层面：一是起点的机会平等；二是发展过程的平等，由法律排除一切非正常因素的干扰，消除任何人所拥有的任何特权，保证国家的改革措施同等地适用于所有的人。有了起点和过程的正义，才能保证结果的正义。

---

① 参见何怀宏《公平的正义——解读罗尔斯的〈正义论〉》，山东人民出版社 2002 年版。

我们要坚持马克思的经济正义观，借鉴罗尔斯的正义理论，正确对待农民的基本权益，平等地分配社会领域内的各种基本权利和义务，平等地分配社会合作产生的利益和负担，纠正历史上遗留下来的对农民的歧视与傲慢这一流弊，促进社会公平、公正、和谐发展。

第五章

保障失地农民经济权益的制度建设

围绕维护失地农民经济权益的制度建设问题，学者们提出了很多思路，可归纳为：（1）深化政治体制改革。征地过程中出现的种种问题都可以归结为制度性问题，若不进行政治体制改革，更多的矛盾将激化，更多的问题将难以处理（鲍蓓，2007）。规范基层政府职能，加强失地农民政治权益的保障，因为失地农民政治权益损失问题，根源在于基层政府角色定位的内在冲突（杜伟、黄善明，2008）。（2）相关制度建设。建立失地农民保障体系（李继峰，2006）；完善土地征收制度（罗猛，2008）；完善农地产权立法；加强征地工作管理；完善失地农民社会保障体系；加强失地农民的教育与培训；积极拓展失地农民的就业管道（杜伟，2007；王德青，2007）；构建失地农民利益表达制度：建立失地农民知情参与制度；建立和完善失地农民维权组织（张登国，2008）；建立健全征地纠纷协调和裁决制度（冯留坡，2008）；杨翠迎（2004）以浙江省的10个市为例，从中观层面对浙江省被征地农民的养老保障制度进行归纳与总结、分析与评价；李平、徐孝白（2004）针对现行征地制度分析了三个关键问题：公共用途、补偿和程序，并在讨论了国际经验和中国的方法后提出了改革的建议；张时飞提出应把实现失地农民的“持续生计”作为未来征地安置政策的基本目标，他建议采取设计合理的补偿机制、引导和帮助失地农户积累资产、促进失地农民生产性就业、建立普惠的社会保障机制四项措施实现目标。

这些制度研究成果，提出了许多具有可操作性的解决方案，涉及政府行为、法律规范、土地产权、社会保障等各个方面。但是其不足在于：第一，这些成果的研究视角，仅集中在中国现行的土地制度、征地制度、补偿制度等不完备的制度细节上，解决问题的对策建议也是要求相关制度的进一步完善，没有深入到中国农民土地财产权的领域；第二，研究方法停留在技术操作层面，缺乏制度建设的价值理念，即赋予农民土地财产权的理念。实际上，征地过程中的种种不公正现象的出现，意味着中国农民在土地使用权、处分权、收益权等产权方面的权利缺失。

虽然，洪朝辉（2004）分析了中国农民土地财产权缺失直接导致农民的失地、失业、贫困以及失去社会保障；张孝直（2000）提出中国农村地权问题的根本在于农民与政府力量对比的关系上；杨小凯（2001）认为，土地私有化和自由买卖是一种人质机制，可以真正限制执政者的机会主义行为；张新光（2004）指出，中国土地制度的变迁，是在政府主导下的强制性制度变迁，多次变革都没有涉及农民的土地财产权问题；黄海（2004）从法社会学的角度，分析了中国农民土地财产权缺失的现象问题；刘凤芹（2004）分析了农民不能确实行使自己的土地权利的障碍因素等。这些研究成果很有突破性，但还是有些不足：第一，从研究对象上看，缺乏直接以“失地农民”为研究对象，研究关注更多的是农村地权以及相关的法律或制度，没有全面完整地回答导致失地农民权益损失的根源；第二，现有的研究在制度设计与制度修正方面，表现出对政府作为的单方面依赖，寄希望于政府“施仁政”的思想倾向，缺少对失地农民的主体建构性角色的重视及其作用的呼吁；第三，研究者依据不同的学科背景所作的讨论，表现在政治、经济、社会的不同侧面，没有一个涵盖各种主要因素的综合性、全面性的分析框架；第四，缺乏从自由、平等、权利等正义观上认识、分析经济上剥夺农民，政治上排斥农民，社会意识上歧视农民的一系列歧视性制度与歧视性政策的深层原因。

所以，本书以“失地农民”为研究对象，力图从经济、社会、法律多个角度，以自由、平等、权利等正义理念为基石，借鉴国外征地制度安排，认识、分析、研究保障失地农民经济权益的制度建设问题。

第一节　国外土地征收制度的借鉴

在世界各国的工业化建设史上，无一例外地经历过圈地、征地、购地运动，也无一例外地发生过用地纠纷及其他与此相关的社会问题。但是，西方社会普遍尊奉习俗、契约、信用等正义原则，有效地限制了公权范围，并极力张扬私权的神圣不可侵犯性。在此环境下，国外大多数国家征地购地制度日益完善，一些具体做法很有普遍意义，值得我们借鉴。虽然，国外大多数国家实行土地私有制，我们不能模仿，但是，比如公共利益的界定，征地程序、征地补偿、征地监督等具体方面的立法规定，保护了土地资源，保护了土地所有者的权益，限制了公权肆虐，维护了社会公正，维护了政府的公众形象，这些还是值得我们借鉴的。

一　明确界定“公共利益”

对“公共利益”进行具体界定，限制政府征地权限。大多数国家采用列举法，明确列举出公共利益用地范围，如美国、韩国、日本、德国、澳大利亚等国家。归纳起来，这些国家征地的公共利益建设范围主要有五个方面：（1）用于公路、铁路、桥梁、机场等公共交通建设；（2）用于公立学校、公立图书馆等公共场所建设；（3）用于军事设施建设；（4）用于给排水设施、供电系统等公共设施建设；（5）用于体育运动等公共活动场所建设。[①②] 这些严格明确的法律规定，限定了政府的用地范围，只能用于公益性项目建设，不能用于经营性项目建设；限定了政府征地的权力，不能以此增加政府的财政收入，损害土地所有者的权益；把政府的权能严格限定在公益事业建设领域，体现了政府的社会服务职能，而不是经济资源的主宰者。

著名法国思想家卢梭（Jean-Jacques Rousseau）认为“公共利益”

---

① 于学花等：《国外征地制度的特点与中国征地制度的创新》，《理论探讨》2007 年第 4 期。

② 杨爱文：《美英日三国土地征用制度的启示》，《生产力研究》2006 年第 12 期。

就是以正义为标准的各种价值规范。[①] 美国经济学家阿罗（Kenneth J. Arrow）指出，市场主体的行为不可能实现社会公共利益，对“公共利益”的鉴别和确认，只能是政府，因为它超越了市场主体的狭隘利益。[②] 美国农村发展研究所（RDI）研究指出，对“公共利益”的规定，必须要经过司法解释才能完成，否则政府部门就会利用其特权，为自己创造各种征地机会和条件，聚敛土地资源，这就有可能冲击土地权利的稳定性，造成土地资源的分配不公，以及土地资源的大量浪费和流失。建议中国最好采取包容性列举法，在相关法规和政策中一一具体明确列举出公共利益项目，明确政府征地权，限制政府征地权的无限扩大，保障农地的基本权益。[③] 同时提醒中国，在公共利益建设项目用地范围之外，其他任何经营性项目用地的土地征用必须经由国家批准，并且必须坚持自愿、公平、平等原则，通过双方谈判，以自主交易的办法解决。这样可以保证每个人的平等地位，维护每个人的利益，有效地预防与限制任何侵权行为。[④] 肯切尔（Michaelg Kitay）总结出国际上通行的关于征地的前提“公共利益”的法律规定有三种形式，第一种是只原则性地规定了国家只能为了公共利益的需要而征地的一般原则；第二种是列举出公共利益的具体内容；第三种是原则法和列举法两者结合使用。[⑤]

二　实施“完全补偿原则”

实行“完全补偿”原则，对被征地者予以充分的补偿。虽然不同国家对“完全补偿”的措辞不完全相同，但是其基本含义是一致的，如日本用“正当补偿”，美国用“合理补偿”等。[⑥] 这些国家的征地补偿制度规定，除了支付基本的土地征收费，还要支付征地赔偿费。土地

---

① ［法］卢梭：《社会契约论》，何兆武译，商务印书馆 1997 年版，第 50 页。

② Arrow Kenneth, *Social Choice and Individual Values*, wi2. Ley Press, 1963, p. 140.

③ RDI（美国农村发展研究所）：《征地制度改革与农民土地权利》，中国经济出版社 2004 年版，第 1413 页。

④ 同上书，第 1415 页。

⑤ 美国农村发展研究所、Michaelg Kitay：《发展中国家的征地》，《经济地理》2003 年第 11 期。

⑥ 张术环：《浅谈国外征地补偿的方式和原则》，《农业经济》2007 年第 6 期。

征收费的确定，是以土地的市场价值为参照，由政府与土地所有者平等谈判达成的，体现了平等、自主、自愿、公正的交易原则。征地赔偿费，是对被征地者因征地造成的直接经济损失及其他附加损失的赔偿，如通损赔偿，是对土地所有者因征地而受到的附带性的损失的赔偿；对少数残存者的赔偿，是对那些因征地而被迫离开生活共同体的人群受到的损失的赔偿；对离职者的赔偿，是对土地所有者的雇用人员因土地被征收而失业造成的损失的赔偿；事业损失赔偿，是对因公共事业建设而产生的噪声、废气、废水等负面影响的赔偿等。[①] 赔偿金额是根据土地市场价格，平均工资收入，平均生活水平等因素，由政府部门与当事人公开、平等、自主的谈判达成。加拿大依据土地的最高和最佳用途，根据当时的市场价格制定征地补偿费。征地赔偿费一般包括以下三个方面：（1）有害或不良影响赔偿（如严重损害），这主要针对被征收地块中所剩余的非征地，因建设或公共工作对剩余部分造成的损害；（2）干扰损失补偿，主要是对指被征地所有者或承租人因为不动产全部或基本征收而造成的成本补偿；（3）重新安置的困难补偿。英国的征地补偿和赔偿，则包含土地（包括建筑物）补偿和残余地分割或损害补偿、租赁权损失补偿、迁移费与经营损失费等干扰补偿以及其他必要费用支出补偿。德国的补偿包含土地或其他标的物权利损失补偿、营业损失补偿以及征用标的物的一切附带损失补偿。韩国的补偿包含地价补偿、残余地补偿、迁移费用补偿以及其他损失补偿。[②] 这些国家实行“完全补偿”原则，源于信奉“私有财产权神圣不可侵犯”的价值理念，认为征地活动侵犯了私有财产权，是被征地者做出的特别牺牲，所以，要最充分地给予补偿与赔偿，这样才能矫正征地的侵权行为，尊重土地所有者的平等地位，表达公平正义的价值理念。

关于征地补偿原则，肯切尔（Michaelg Kitay）认为，大多数国家都以市场价为准，实行公正补偿的原则。虽然不同国家具体的补偿标准，补偿方式不同，但都会遵循市场要求及公正补偿的基本原则，保证

---

① 陈江龙等：《国外土地征用的理论与启示》，《国土经济》2002 年第 2 期。

② 同上。

被征地者不因征地而穷困。[①] 美国农村发展研究所（RDI）研究认为，中国现行的征地补偿标准偏低，低于农民30年的土地承包经营权的实际价值。RDI建议，中国征地补偿标准应以市场价为基准，并且规定最低的补偿标准，以保障农民的基本经济权益。[②]

三　制定并遵守严格的征地程序

严谨的法制化的征地程序，保证了征地的透明度，提高了民众的参与度，维护了社会的公正度，能够有效地制约政府征地权的延伸，保护民众基本权益。如法国的征地征程序，从申请、调查到最终批准，透明有序。在法国，当事人提出征地申请，仲裁机构开始调查。调查内容包括征地目的、征地位置、面积等。最后由省长或部长批准，涉及国防建设的征地由总理批准。如果调查的结论不赞成征地，或者是特别重要的征地必须由总理咨询最高行政法院的意见后才能发布命令决定。每一个调查环节所收集的情况均向社会公开，接受公众的监督。早在18世纪，英国议会通过了大量的圈地法案，其中以1766年通过的私法圈地程序最具有代表性。它规定，圈地先由所在地大片地产所有者、保有公簿持有权宅地、农舍、地产和其他财产的签名人，联合向下议院递交请愿书，并在那里宣读；下议院按照请愿书起草和提出的议案，在征求土地所有者和拥有公有权利的业主的意见后，如没有委员会明确反对，则通过此议案；在下议院三读通过后，议案在上议院通过，并由国王同意，即为生效。[③]

总体上看，国外大多数国家实行土地私有制，注重私有财产权的保护，公平正义原则体现在各个程序法和实体法中，具体采用完全补偿或合理补偿的原则，对公权进行程序限制，双方协商，政府居中裁判，司法救济手段齐全充分，即使发生征地纠纷，也有仲裁机构坚守公平原则予以调节，由于征地补偿标准较高，有效地控制了土地投机和征后闲

① 美国农村发展研究所、Michaelg Kitay：《发展中国家的征地》，《经济地理》2003年第11期。

② RDI（美国农村发展研究所）：《征地制度改革与农民土地权利》，中国经济出版社2004年版，第1413页。

③ 辜燮高：《一六八九——一八一五年的英国》（上），商务印书馆1997年版，第62—70页。

置，日本根据人多地少的条件更侧重对农地的保护，而美国更侧重对土地财产权的保护。进一步讲，发达国家征地制度伦理价值的核心是保护耕地和尊重所有者的财产权益。主要体现为：不允许非公共用地使用国家征地权；公共利益征地必须给予合理补偿，包括土地现有价值和未来价值，充分保护土地所有者权益；设置合理的征地程序和救济制度，尊重土地所有者的知情权和诉求权，以保证达到公平；注重土地资源的可持续利用，严格保护农用土地，杜绝土地浪费和闲置，以维护长远和代际利益。

可以说，除了这些国家的土地私有制我们不能借鉴，其他征地制度的具体操作技术还是值得我们借鉴的。也就是说，在我们坚持土地公有制的前提下，借鉴他国一些具体的征地制度内容和操作方式，尤其是比如严格的征地公共目的性，较高的补偿标准，公开透明的征地程序，公正的纠纷仲裁等操作程序与手段，借鉴这些成果，妥善解决中国失地农民经济权益损失，促进社会和谐发展。

第二节　中国土地征收制度的完善

国务院发展研究中心农村经济研究部刘守英认为，中国现行征地制度已经到了非改不可的地步。刘守英指出，改革开放以来特别是近十几年间，中国工业化、城市化进程飞速推进，土地的作用功不可没。我国经济的高增长，依靠高投资和高出口和政府主导下的地区竞争来支撑，征地制度是保障这一增长模式的重要因素。土地的宽供应和高耗费保证了高投资；压低地价的低成本供地保障了高出口；以土地的招商引资保障了工业化，以土地抵押融资和土地出让保障了城市化的快速推进，尤其是地方政府通过控制土地一级市场，掌控了建设用地供应权，保证了以非市场价格提供土地，用于工业建设。这套特殊的土地制度不仅使中国的工业发展避开了土地稀缺的制约，而且还使土地成为招商引资和工业发展的推动器。但是，现行征地补偿标准偏低，农民没有同步享受到土地增值收益和城镇化发展的成果，不少地方政府滥用征地权，强制拆迁，引发了大量征地纠纷和矛盾，影响城乡社会稳定。必须改变现行土地利用方式，必须根本改革征地制度。[①]

一　征地前提的限定

各国都以“公共利益”的需要为征地前提，并对公共利益用地范围有明确清楚的界定。常用的界定方式有三种：一是只规定了国家因公共利益的需要而征地的一般原则；二是明确列举出公共利益用地的具体范围；三是既有原则性规定又有具体范围的列举，两者综合使用。第一种方式有其弊端，只规定了原则，没有具体限制，就给政府机构的征地权留下了自由发挥的空间，有可能以公共利益用地的名义进行经营性用地的征地，造成资源占有的不公，损害土地所有者的权益。第二种方式，即列举法，明确规定了只能对诸如学校、图书馆、公路、铁路和政府办公楼等公共建设的需要而征地，这就可以有效地限制政府部门征地的随意解释权，只能在法律规定的范围内，按照征地程序，以公开、透明、公正的原则，切实为公共利益建设的需要而征地，既维护了社会公平，又保证了土地资源的合理使用。理想的方式是两种方式综合使用，既有原则性规定又有具体范围限定，具体范围的限定是在原则性规定的引导下完成的，符合原则性要求，符合广大民众的根本利益，便于操作，便于监督。

中国1998年和2004年的《土地管理法》，反复强调因公共利益需要征地这一原则，但没有界定哪些用途属于公共利益，实施细则也没有详细说明。这样，国家机关在处理哪些情况属于公共利益这个问题上拥有完全的自由裁量权。中国现行的征地法律制度还规定，除少许例外，所有非农用地都必须使用国有土地，如果计划农转非的土地属农村集体所有，则必须通过一定程序先把所有权转为国有，即征地。在这种征地制度下，国家除了因“公共利益”的需要而征地，还可以因其他所有非公共利益用途征用土地。因为现有的法律制度禁止将集体所有的土地直接转为非农业的商业用途，任何用于商业用途的农地必须经过国家征地将农地转为国家所有。这种极具倾向性的征地制度，其初衷是保护土地资源，统一管理，统一使用，在计划经济条件下，有明显的效果，但

① 参见凤凰网（http：//city. ifeng. com/cskx/20130905/392701. shtml）。

是在市场条件下，地方政府有自身利益追求，于是，利用并滥用征地权，扩大征地范围，无论公共利益建设用地还是经营性项目用地，都以征地的方式获得土地，并采用同样的补偿标准实施补偿，偏低的征地补偿标准侵犯了农民的基本经济权益。

虽然“公共利益”内涵宽泛，只是阐明了利益的指向性，往往被理解为一种价值取向，是一个抽象的、虚幻的概念。但即便如此，公共利益也具有一些基本的属性：其一，公共利益的客观性。公共利益不是个人利益的简单相加，也不能简单地理解为个体基于利益关系而产生的共同利益，公共物品和公共服务是公共利益最主要的现实的物质表现形式。其二，公共利益的社会共享性，即公共利益的相对普遍性、非特定性、非竞争性和非排他性。它不是特定的、部分人的利益；一个使用者对该物品的消费并不减少其他使用者的使用；任何使用者都不能被排斥在对该物品的消费之外。美国经济学家阿罗的“不可能性”定理，论证了社会公共利益的实现方式。他指出，在自由而平等的市场体制下，社会整体利益是不可能由自由而平等的市场主体的自身行为来满足的，市场不可能实现公共物品的有效供给，超越市场主体的国家或代表国家的政府才是最有效率的公共利益供应者。因此，应当由国家或代表国家的政府来识别和确定公共利益。如澳大利亚征用法规定，“公共利益”是指议会有权力制定法律来限定的用途。如日本在土地征用法中共列举了35项可以发动土地征用权的事业。为了避免在公共利益的掩饰下，满足纯粹的私人利益，在波列敦居民诉底特律城一案中，法院为有利于私人的土地征用行为确定如下三项准则：其一，在增加的利益中公共利益是最主要的利益，私人利益纯粹是附带的；其二，公共利益不能是随机和边际的，而必须是明显和重要的；其三，决定征用哪一块土地不应该参考私人企业的利益，而应按照独立的公共利益实情选择土地。RDI认为，从中国的执法实际和中国的大陆法系传统来看，最好的方法是在政策和法律中明确具体地列出可以动用征地权力的“公共利益”，而且应该是一种包容性的列举，除列举明确的公共利益用途外，同时规定任何具体列举之外的土地征用必须由国务院批准；非公益的土地农转非则应在自愿基础上由谈判协商解决。

二　征地程序的规范

土地征收是发生在国家和农民集体之间的所有权转移，是国家为保障公益性项目获取土地所实施的行政行为。中央财经领导小组办公室副主任陈锡文指出，由于中国工业化和城市化的需要，中国农村的土地正以每年300万亩的速度被征用。① 为了保护农民的利益，在把农村耕地转为城市工业建设用地的过程中，中国的五级政府中，乡、镇、县三级政府没有任何审批权，只有中央政府和省级政府才有审批权，而且省级政府无权审批基本农田，只拥有非基本农田耕地525亩、荒地1125亩的审批权，超过的都必须由中央政府审批。

现行《中华人民共和国土地管理法》的征地程序是先批后征，征供分离。征地报批前由国土部门到村集体进行调查核实情况，在办公室里拟订一书四方案，然后报省政府审批，征地批准后由国土部门实施征地方案公告，进行清点登记，拟订并公告征地补偿安置方案，经县级政府批准后即予实施。这种征前不告知，批后公告实施，有争议也不影响征地方案实施的规定，没有充分尊重农村集体组织的意愿，没有充分保护农民合法权益，实际上是对农村集体组织和农民知情权的剥夺。

实现征地改革的前提必须是公开化、民主化。征地程序可以改为“申请征地—预公告—协商补偿安置—报批—审查批准—公告—实施补偿安置—供地”。对照国家产业政策，土地利用总体规划和城市规划，严格执行双控指标，核实征地面积，然后委托征地机构实施统一征地；增设征地补偿安置协商程序；增加预公告程序，告知被征地集体和农民，明确征地范围，种植期限，同时开展青苗及地上附着物的清点登记，协商补偿安置问题；建立征地纠纷的司法裁决机制。对集体土地所有者提出的征地不合法、补偿不合理、安置不落实等问题，由司法机关按照司法程序解决征地纠纷。对政府征地违法行为，农民可以寻求司法救济，申请国家赔偿。通过加强执法、加大司法裁决力度，既有力保障公共利益征地能够顺利进行，维护国家利益，同时又有效保护被征地农

① 陈锡文：《中国农村发展的五个问题》，《生产力研究》2005年第3期。

民的合法权益不受侵犯，维护社会稳定。

加强司法机构对土地征收目的的公共性进行审查。根据目前的法律规定，司法机关无权对土地征用的目的进行司法审查，对征用行为的目的审查只存在于行政审批程序中，行政主体对征用申请的目的是否具有公共性进行审查时，主要依据是申请者提供的建设项目计划任务书和可行性研究报告，这种审查缺乏公开性和透明性，其可信度较低，也因此容易引发行政主体与被征用者的冲突。

中国可以借鉴他国经验，赋予司法机关一定的权力，对土地征用目的的公共性进行审查，当事人因对公用目的发生争议，不服批准决定的，可以向法院提起诉讼，由法院依据法律来确认被征用土地的目的性。如在法国和美国，均可以对土地征用的目的进行司法审查，英国对土地征用的补偿作了较详尽的规定，包括土地征用补偿原则、补偿范围和标准、土地征用补偿的估价日期、补偿争议的处理等。政府规定了非常详细的征地程序。政府部门和法定机构提出土地征用建议前，必须经过充分的调查和研究，充分论证开发项目的合理性和必要性，征用土地者的正当理由和合理要求，搞清同项目开发相关的一切技术问题。补偿费偏低导致征地者与被征者之间的矛盾发生时，法庭会倾向于被征地者。[①] 日本土地资源的稀缺限定了土地的利用，因此严格保护土地资源，尤其是耕地资源，极力控制建设用地的扩大。征用土地一般程序如下：（1）申请征地；（2）登记土地和建设物；（3）起业者与地权人达成征购协议；（4）申请征用委员会裁定；（5）让地裁定；（6）征用终结。同时，国家可建立征地纠纷的司法裁决机制。对集体土地所有者提出的征地不合法、补偿不合理、安置不落实等问题，由司法机关按照司法程序解决征地纠纷，尽可能地减少政府对征地纠纷裁决的参与。对政府征地违法行为，农民可以寻求司法救济，申请国家赔偿。通过加强执法，加大司法裁决力度，既有利于保障公共利益征地能够顺利进行，维护国家的利益，同时又能有效保护被征地农民的合法权益不受侵犯，维护社会稳定。

---

① 辜燮高：《一六八九——一八一五年的英国》，商务印书馆1997年版，第62—70页。

三　征地补偿方式的市场化

现行的征地补偿范围和标准，是由政府根据原有状况综合各方面因素进行测算后公布的，对发展变化了的情况考虑不充分。中国长期以来，严格管制农业经营范围，严格管制土地用途，因此传统农业发展缓慢，产值低，与工业相比其附加值小，比较利益偏低，农用地的价格也随之偏低，土地价值被严重扭曲，所以，不能完全按照农产值来确定征地补偿标准，应该以变化了的情况为依据，以市场价格确定补偿标准，对失地农民给予完全补偿。在市场经济条件下，土地价值增值越来越高，以统一的方式征收农地转为非农用，不是实事求是的作风，必须严格区分公益性用地和经营性用地。对公益性用地，由政府统一行使土地征收权，采用征收的方式，并且扩大征地补偿范围，提高补偿标准。对营利性的经营性用地，由用地单位以市场交易的方式向农地承包户购买。目前，不可能完全实行土地自由买卖，但至少应该参考农地转为非农用后的增值幅度，提高征地补偿标准，充分考虑农民失去土地后的生存与发展需要。另外，无论是何种用途的征地，都应该赋予农地承包户的参与权、决策权，以近似于市场交易的方式核定补偿标准。交易就是交易双方以平等身份参加，以双方自愿接受的价格成交的过程，这样的成交价对双方来讲，是公平的、合理的，基本保障任何一方的经济权益不受侵犯。更重要的是体现了尊重农户基本权益的正义思想，有利于限制公权的任意延伸，规范土地市场，保护土地资源。落实党的十八大报告精神。

日本实行“正当补偿”，其补偿范围主要包括产权损失、财产损失、失业损失和其他损失等。根据美国财产法，合理补偿是指赔偿所有者财产的公平市场价格，包括财产的现有价值和财产未来盈利的折扣价格。土地征用补偿根据征用前的市场价格计算标准，不仅补偿被征土地现有的价值，而且考虑补偿土地可预期价值以及因征用而导致邻近土地所有者经营上的损失。原联邦德国的基本法，要对土地征用实行相当补偿，其补偿项目主要包括土地补偿，青苗、地面附着物的损失补偿，由于地块分割或工程造成障碍而使耕作不便的损失补偿，由于地产主土地减少导致劳动力过剩以及设备利用率降低的补偿，其他如车辆绕道行驶等有关损失补偿。[①] 目前，中国的征地补偿费主要包括土地补偿费、安置补助费、地上附着物和青苗补偿费四项。应参照世界上其他国家或地区的土地征收补偿方式，调整中国当前的征地补偿费范围，侧重于因征地而产生的负面影响，尽可能将其包括在内，以确保征地前后农民的生活不会发生较大的变化，保障农民的生活权利。应该包括土地所有权补偿、农民生存权补偿、地上附着物补偿、残余地补偿以及生态环境效益补偿等。不仅要对被征用土地本身进行赔偿，同时还应该对农民的生活进行安置，除对征地本身以及为确保失地者的生活进行安置补偿外，还应该相应地考虑残留地和相邻土地的损失赔偿，即要求同时考虑直接损失和间接损失等。

据《21 世纪经济报》报道，国土资源部决定，将会同国务院法制办起草《土地征收征用条例》和修改《土地管理法》的建议，根据试点经验，建立一种新型的征地补偿制度。据介绍，国土资源部倾向于一个被称为“征地补偿费预存制度”的模式。这个模式已在广东推行。征地补偿费预存制度规定，在征地报批前，用地单位需将征地补偿款足额预存入征地补偿款专户，没有预存征地补偿款的，一律不予审批征地。征地一旦获得批准，即从银行专户中划转各项征地补偿款，任何单位、个人不得挪作他用；征地未获批准的，退回预存的各项征地补偿款。对于发放到农民个人手中的补偿款，支付实行实名制，直接支付到农民实名账户中。

工业化、城市化的过程，也是社会转型的过程，这个过程是逐步消灭农民阶级的过程。中国农民在长期的封建专制统治下形成的保守性，对共同体（家庭、村社、国家）的高度依赖性，决定了农民缺乏自主独立性、权利意识、平等意识，他们处在一个尴尬的境地，一方面，承受着官僚体制的政治控制和经济压榨；另一方面，又依赖着官僚体制，幻想有“青天”来解放他们，以获得精神上和物质上的基本满足。在当今现代经济体系下，农民作为市场经济的主体，与其他领域的主体一样，具有独立经济行为人的基本权利，现代经济制度的建立给予了农民的权利资格，因而，征地制度的完善应该充分考虑到农民的权益诉求。

---

① 刘丽等：《世界主要国家的土地征用补偿原则》，《国土资源情报》2004 年第 1 期。

四　建立城乡统一的就业和社会保障体系

霍布斯的社会契约理论认为，国家是由契约产生的。当人们为了摆脱“自然状态”，彼此之间共同约定：大家都放弃自己的全部权力并把它交给一个人或一些人组成的议会，使他（们）担当起他们的人格，并且承认他在公共和平与安全的事务方面所做的一切都是大家同意的。人们这样做了之后，公共权力或国家就建立起来了。① 洛克认为，根据政府权力的性质和目的，政府必须实行法治，即政府只能以正式公布和经常有效的法律，而不是临时的命令和未定的决议进行统治。只有实行法治，政府的权力才会受到限制，人民的生命、自由、财产权才能得到有效的保障。② 哈耶克认为政府的职责仅仅限于有助于自发性经济发展的范围内。③ 诺齐克进而在这一理论假设的基础上最终确立了国家的正当性原则，即正义的国家乃是最少干预个人事务、最能保障个人权利之充分实现的国家，国家的正当性在于对个人权利的保护，即“最小国家”原则。④ 德沃金要求政府必须不仅仅关心和尊重人民，而且必须平等地关心和尊重人民。它千万不要根据由于某些人值得更多地关注从而授予其更多的权利这一理由而不平等地分配利益和机会。它千万不要根据某个公民的某一集团良好生活的概念更高尚或高于另一个公民的同样概念而限制自由权，应更大限度地实现社会平等。德沃金代表社会中下阶层所表达出的对社会平等的追求，希望国家和政府通过制度安排和福利政策以保障公民的平等权利。

所以，政府应当转换职能，不能继续充当市场主角，要转变到调控、监管、服务的职能上，妥善安置失地农民，加强失地农民就业培训，积极开展失地农民再就业服务。现行法律对被征地农民的安置政策，基本没有具体明确的规定，仅在《土地管理法》第五十条规定，

---

① 周辅成：《西方伦理学名著选辑》（上卷），商务印书馆 1964 年版，第 505 页。

② ［英］洛克：《政府论》，叶启芳、瞿菊农译，商务印书馆 1996 年版，第 152 页。

③ F. A. Hayek, *The Fatal Conceit, The Error of Socialism*, London, Routledge, 1988, Chapter 2.

④ ［美］诺齐克：《无政府、国家与乌托邦》，何怀宏等译，中国社会科学出版社 1991 年版，第 20 页。

地方各级人民政府应当支持被征地的农村集体经济组织和农民从事开发经营，兴办企业。根据国家有关部门的调查，被征地农民就业困难很大，失业率在30%以上，即使实现就业的，也大都是极不稳定的就业。因此，必须建立相应的社会保障体系，实行“土地换保障”。[①] 对失去全部土地的农转非的农民，将其直接纳入城镇社会保障体系，享受与城市居民同等的社会保障待遇；对于适龄人员，纳入城镇就业促进体系；对于超过劳动年龄阶段的，主要保障其基本生活，享受城市居民最低生活保障。对失去部分土地仍为农村户口的农民，应设立社会保障专项基金，为他们提供养老和医疗保险。政府应从土地被征之时起，为失地农民提供失业救济、统一的户籍身份、就业机会和社会保障。

五 征地制度改革的政策举措

我们党一直强调，要十分珍惜和合理利用每一寸土地，促进经济社会发展与土地利用相协调。要坚持抓好四个方面的工作。第一，切实坚持和完善最严格的耕地保护制度；第二，切实实行最严格的节约用地制度；第三，切实维护群众土地合法权益，严格界定公益性和经营性用地，完善征地补偿机制，规范征地拆迁管理，加大土地督察和执法力度，维护被征地农民合法权益；第四，切实推进土地管理制度改革，健全严格规范的农村土地管理制度，加快征地制度改革，深化国有土地有偿使用制度改革，加强土地行政管理能力建设。[②]

党的十八大报告中提出“改革征地制度，提高农民在土地增值收益中的分配比例”。国土部土地管理制度改革研究课题小组成员、国土部规划司副司长刘国洪认为，土地制度改革完善，应在保留现有征地制度的前提下，缩小征地范围，改产值补偿为市场价值补偿；在保持用途管制的前提下，规范农村经营性集体建设用地的流转；依托现有土地交易机构，建立城乡统一的建设用地市场；推进集约节约用地，对增量建设用地和存量建设用地出让方式等领域，进行差别化管理等。土地制度

---

① 马新文等：《中国西部地区构建农村养老保险制度的基本设想》，《宁夏社会科学》2005年第3期。

② 参见凤凰网（http：//news. ifeng. com/mainland/detail_ 2011_ 08/23/8625187_ 0. shtml）。

改革的一个重点，就是在原有制度模式上，通过总结当前一些试点城市的经验，完善“农地”通过招拍挂等方式进行市场化流通，以及权益进行市场化分配的路径。

尽管我国曾多次对征地补偿制度进行改革，但基本的征地补偿思路一直未变，其基本依据是“按照被征收土地的原用途给予补偿”，现行主要方法有“年产值倍数法”和“征地区片法”。这两种方法均是基于被征收土地原农业利用方式下的补偿，没有考虑到土地的潜在利用价值或市场价格的补偿，其实质是一种非等价交易关系。从补偿的构成来看，目前的征地补偿涉及对土地资源及其地上投资、搬迁居住等几个方面的补偿，只体现了土地作为劳动生产资料价值的一面，而对于土地本身增值、预期收益、养老保障、社会稳定等价值功能以及被征地灭失后所产生的连带损失的补偿未能有所体现。

一系列征地制度改革新政也有望在近阶段出台，除了重新修订后的《土地管理法》，还有《农村集体土地征收补偿条例》、《集体经营性建设用地流转指导意见》等。受此影响，未来农地征补过程中，农民不仅有望获得较高的补偿收益，还可以逐步成为农地入市的交易主体。①

总之，我国土地制度是城乡二元分割，城市市区土地属国家所有，农村和城市郊区土地除法律规定外，属农民集体所有。集体土地禁止直接入市，主要通过政府征用，转为国有建设用地后，再通过招拍挂进行出让。我国实行比较严格的建设用地总量控制。任何单位和个人需要建设用地的都必须依法申请，涉及农用地转为建设用地的，应办理农用地转用审批手续。在此制度下，政府垄断建设用地供给：一是导致城市建设用地紧张，土地价格高企，房地产价格上涨；二是导致土地财政膨胀，政府行为被征地“绑架”；三是造成土地价格机制扭曲，农民无法享受土地增值收益，城乡差距扩大。征地行为之所以在一些地方引发了激烈的社会矛盾：一是城市化、工业化进程过快，部分地方政府一定程度上忽略或漠视征地应有的法律程序，从而引发了纠纷；二是征地补偿安置制度设计本身存在问题，补偿和安置混在一起，容易引起矛盾；三

① 参见新华网（http://www.zj.xinhuanet.com/newscenter/rb/2013_09/04/c_117216019_3.htm）。

是缺乏有效的纠纷调处机制。从近几年的征地纠纷看，大多数农民不是反对征地，而是因为基本权利不能得到有效保障。因此，在城市化、工业化进程中，改变过多、过快消耗农用地的状态，节约集约用地，提高用地效率，保护农民合法土地权益、维护社会稳定，让失地农民共享真正意义上的城市化成果。总的原则应当是保证失地农民原有生活水平有改善，长远生计有保障。

实现失地农民的市民化不仅是转户口，而是要让他们享受与城市居民同等的市民待遇，包括教育、医疗、就业、养老等社会福利和保障。有条件的地方，可以将征收的土地留出一部分作为农民安置就业的发展用地，与此相适应，农村集体经济组织形式也应随着城市化进程进行改革。有集体财产的，可以建立一个真正体现集体所有权的财产组织形式，如股份合作制公司；没有集体财产的，直接将村委会改为居委会等。对被征地农民的长远安置，最重要的是就业，彻底解决土地的城市化和农民的市民化不协调的问题。

完善补偿安置制度是征地制度改革的关键，要把征地补偿和对失地农民的长远安置区别开来。补偿是对土地及相关财产进行的损失赔付；安置是按照社会公平原则由国家对失地农民实行的救助和长远生活保障。将两者区别开来，短期看最直接的好处是可以避免失地农民过多地在补偿数额上提出争议，长远看也可以培养失地农民自身发展能力，稳步提高生活水平，促进社会和谐。对失地农民的补偿主要包括三方面：土地所有权的补偿、房屋的补偿、青苗及地上其他构筑物（附着物）的补偿。对失地农民的安置必须遵循社会公平原则，遵循土地城市化进程和农民市民化进程相协调一致的原则。

第三节　中国农地产权制度的调整

根据马克思的产权变迁理论，每一种土地制度都只是历史的范畴，并非永久不变，当生产力与土地制度发生矛盾时，就需要有土地制度改革。“社会的物质生产力发展到一定阶段，便同他们一直在其中活动的现存生产关系或财产关系发生矛盾。于是这些关系便由生产力的发展形式变成生产力的桎梏。那时社会革命的时代就到来了。"[①] 进入工业社会以后，当土地已不再是主要的社会生产，而是作为工业化生产的一部分时，土地制度仍作为财产制度的一部分而存在。如马克思指出的，"土地所有权与工业资本结合为一之后，就发生一种魔力，使他们能把那些为工资问题而斗争的工人实际上排挤出去，离开土地，即离开住所"。[②] 可以说，土地产权制度是社会政治的直接表现，土地产权制度的调整应该顺应经济结构的变迁的需要而适时适当地调整，才能作为社会发展的首要推动力而发挥其巨大的作用。

一　农地产权制度调整的争鸣

自 1996 年至今，中国关于农地产权制度改革的研究，遍及经济学、社会学、法学、政治学等领域。"赋予农民长期而稳定的土地使用权"表现出了农业政策的新主张。2003 年制定的《农村土地承包法》和 2004 年修订的《土地管理法》也都反映了这一主题。但是，并没有触动土地所有权，只调整了农地使用权，未能从根本上解决中国农地产权制度的缺陷，依然是所有权主体含混不清。于是，学者们进一步从经济学、社会学、法学、政治学等多角度对农地产权制度进行分析。研究普遍认为，中国农村土地产权制度的主要问题是土地产权的主体不明，因此，达成的共识是，改革中国农村土地产权制度的关键，就是准确界定农地产权主体。

由此形成三种不同的改革观点：第一种观点，主张实行农地国有制；第二种观点，主张实行农地私有制；第三种观点，主张进一步完善农地集体所有制。

主张农地国有制的学者认为，农地国有制可以合理地利用有限的农地资源，避免浪费，可以很好地解决农地集体所有制的弊端，即集体土地所有权为乡村权势阶层所控制这一现象，由国家掌控农地终极所有权，只赋予农民对土地的永佃权，可以确保农民长期而稳定的土地经营

① 《马克思恩格斯选集》（第 2 卷），人民出版社 1997 年版，第 82 页。

② 《马克思恩格斯全集》（第 26 卷），人民出版社 1972 年版，第 36 页。

权，享受实质性的完备的土地产权。[①] 但是，这些学者是否考虑到，在通常情况下，国家不直接行使土地所有权，而是委托地方政府行使这一权利，地方政府一方面作为国家的行政代理机构，行使相应的行政职能；另一方面又有自身利益的考虑，要追求自身利益，这样，代理人追求自身利益的经济行为与其行使行政职能的行政行为相冲突，常常会导致既违背国家意志又损害农民利益的结果。我们知道，任何国家都不是一个抽象机构，它代表着某个集团的利益，地方政府作为国家机构的附属品，一样有其利益取向。虽然我们党代表最广大人民群众的根本利益，但是，在缺乏权力制衡机制、缺乏社会监督机制的当前情况下，地方政府会凭借其掌控的公权，贪婪地争夺经济利益，难免不损害到农民的基本经济权益。这样的话，并不能实现农地产权制度改革的目标。

主张农地私有制的学者，他们认为提高农地利用效率的前提是产权明晰，只有这样，才能保障各方经济权益，才能遏制公权的腐败，才能实现社会正义。他们相信马克思所向往的社会主义就是“在社会个人所有制的基础上重建社会”，把农地所有权交给农民，重建个人所有制。胡星斗主张土地应当归农民所有。认为土地农有，将会带来农民人格的独立，让农民重新获得一份尊严。具体地说，土地农有有很大的好处：第一，可以遏制非法侵占农民土地的问题；第二，农民有了土地资源，可以以土地投资办实业；第三，可以消除村干部在分配土地资源时的腐败行为；第四，农民有了土地，可以抵押获得贷款，可以作为养老、医疗保险的资本。[②] 杨小凯认为土地私有化和自由买卖是一种人质机制，老百姓有了完全的私有权，财政上不依赖执政者，而是执政者依赖私有财产所有者，这才可能真正限制执政者的机会主义行为。[③] 土地资源才能得到最有效的利用和保护。

主张进一步完善农地集体所有制的学者认为，符合中国社会经济现

① 张德元：《实行土地国有化　赋予农民永佃权》，2003 年 12 月，中国农村研究网（http：//www. ccrs. org. cn）。

② 胡星斗：《关注农民的权利贫困》，2005 年 10 月，浙江在线（http：//www. zjol. com. cn）。

③ 杨小凯：《中国土地所有权私有化的意义》，2002 年 5 月，北大新青年网（http：//newyouth. beida-on line. com）。

实的农地所有制形式，就是集体所有制，这是由中国的国情决定的。比如，现今的中国农业生产力水平低，农业经营方式比较粗放，农业经营范围比较小，农产值比较低，其他种种符合市场经济规则和要求的经济组织还未完全建立起来，而现有的集体组织可以比国家更直接地监督农户对土地的利用状况，集体经济是服务于整体经济的最佳模式等观点。总之，集体所有制是农业经营的最有效的形式。[①] 虽然相关的农地政策和法律的制定（比如"土地承包30年不变"和《农村土地承包法》），选择了完善派的主张，但是，依然没有彻底解决农地产权主体不明这个问题。显然，完善派的观点不可行。因为，在承包制度下，"农民集体"已经不存在了，"村民小组"也不存在了，而"村委会"只是个行政组织，并不是真正的农民集体，更不能成为农民集体的法人代表；另外，在集体所有制度下，集体所有权事实上很难操作，"集体"是个包含式概念，其外延可以延伸但其内涵却没法界定；同样，个人与集体的利益关系也很难界定，其结果必然是权力决定权利，侵犯权利现象就很普遍，权力腐败行为也就很猖獗。现行征地中的农民基本经济权益被损害，就是很好的例证。

二 "经济正义"观的确立

经济正义，是人类社会具有永恒价值的基本概念和基本行为准则，它规定社会成员基本的权利和义务，它规定资源与权益在社会群体之间、社会成员之间的适当安排和合理分配，它保证每个成员所应得的份额。正义，是具有均等、平等比例性质的交换行为，是平等的利害相交换的善的行为。经济正义，是衡量一个社会是否合意的标准，是一个国家的公民和平相处的政治底线。

本书认为，没有"经济正义"理念匡扶的农地产权制度改革是无本之木。权利，是"经济正义"的灵魂。农地产权制度改革的方案设计，是一个技术问题，但比技术问题更重要的是制度设计中的伦理问题。土地产权制度建设实际上就是将民意的伦理要求，经由权威机构予以神圣化，从而形成一种法力（法律上之力的简称）的过程。所以，

① 毛科军：《中国农村产权制度研究》，山西经济出版社2003年版，第9页。

制度建设应有经济正义观尤其是权利观念的匡扶。权利根源于社会及伦理的需要，源于秩序化、合理化的社会生活的需求。权利的这种伦理基础，可以避免为达目的的不择手段，同时亦可防止权利从其最终目的剥离。所以，首先要建立农地产权制度设计的经济正义理念，才能在坚持马克思的社会批判精神及其经济正义思想的基础上，从马克思主义的基本立场——维护民众权益出发，坚持科学发展观，解决好农民土地权益问题。

马克思的产权理论指出，财产权利是一个历史范畴，产权制度与产权形式不是固定不变的，而是处于一个不断演进和完善的过程之中，它是与财产的起源、财产范围的扩展密切相关。财产观念是人在社会关系中与生俱来的，起初并不带有浓郁的私有色彩，在它成为一组权利，即对财产占有、支配、使用、收益的权利之前，仅仅是夹杂着原始朴素情感的一种观念，财产观念并未上升为真正意义上的权利即财产权利。在人类早期历史上，人们对财产的认识是非常简单的，财产的范围仅仅局限于与人们的物质生活直接相关的物品，这是因为人类生存对物的依赖程度很大。伴随着生产力的发展和社会经济的进步，人类的生活方式、生产方式和思维方式发生了巨大的变革，人类生活越来越多地摆脱了物的束缚和奴役，开始把财产定义为对价值的拥有而非对物的拥有，这样也就大大拓展了产权保护的范围。

马克思的土地产权理论指出，土地产权是生产关系的一种表现，是和社会生产方式相适应的历史范畴。财产权及财产关系是随着人类社会生产活动的开始而产生的。在人类社会发展的历史阶段中，或在某一阶段特定社会经济条件下，财产权利开始是依靠习惯、公认、契约来维护和实现的，后来随着社会经济的发展，法律的普遍化和规范化，一定财产权利就取得了法律上的确认，上升为法权。产权不过是所有制关系的法律形式，是物的外壳掩盖下的人与人之间的社会经济关系。所以，失地农民经济权益损失问题，不仅是一个经济问题，而且是一个社会问题，反映了农民的经济地位与社会地位问题，运用马克思的土地产权理论解释中国失地农民的土地财产权问题，研究失地农民经济权益损失问题，有助于我们的社会改革不断趋于正义目标。

根据马克思的土地产权变迁理论可知，每一种土地制度都只是历史的范畴，并非永久不变，当生产力与土地制度发生矛盾时，就需要有土地制度改革。进入工业社会以后，当土地已不再是主要的社会生产资料，而是作为工业化生产的一部分时，土地制度仍作为财产制度的一部分而存在。马克思曾经指出，一旦土地所有权与工业资本结合为一体，就会发生一种魔力，他们便把那些为工资问题而斗争的工人排挤出去，离开土地及离开住所。土地产权制度是社会政治的直接表现。所以，我们要根据发展变化了的情况，适时地调整土地产权关系，建设社会主义和谐社会。

在马克思的土地产权权能理论中，马克思指出，土地产权是由土地终极所有权及所有权衍生出来的占有权、使用权、处分权、收益权、出租权、转让权、抵押权等权能组成的权利束。土地产权权能的核心是终极所有权，其最大特点是排他性。土地产权权能既可以是一束权利也可以是某一项权利的单独存在。土地产权是生产关系的一种表现，是和社会生产方式相适应的历史范畴。“土地所有权的正当性，和一定生产方式下的一切其他所有权形式的正当性一样，要由生产方式本身具有的历史的暂时的必然性来说明，因而也要由那些由此产生的生产关系和交换关系具有的历史的暂时的必然性来说明。”① 马克思考察了产权权能统一和分离的组合，在不同的历史条件下有不同的方式和特征。一是小生产方式中所有权和占有权、使用权合二为一，土地所有者同时也是支配者和使用者；二是土地私有制中土地所有权与使用权、占有权相分离，分属不同的主体所有；三是土地国有基础上的所有权与使用权、占有权的分离，这种情况下，主权就是在全国范围内集中的土地所有权。所以，无论何种产权权能的统一与分离方式，都必须保障占有者、使用者的占有权、使用权、处分权、收益权、出租权、转让权、抵押权等权能，才合乎经济正义的基本原则。

现代西方产权理论认为，产权是一种权利，是一种社会关系，是规定人们相互行为关系的一种规则，是社会的基础性规则；产权是一个权利束，是一个复数概念，包括占有权、使用权、收益权、处置权等。当一种交易在市场中发生时，就发生了“两束”权利的交换。交易中的

① 马克思：《资本论》（第3卷），人民出版社2003年版，第702页。

产权束所包含的内容影响物品的交换价值，产权实质上是一套激励与约束机制；产权安排直接影响资源配置效率，一个社会的经济绩效如何，最终取决于产权安排对个人行为所提供的激励。西方产权理论更是明确指出，在充满不确定性的世界上，一个相对稳定的社会必须建立在一种相对稳定的、公平的财产权制度之上。没有稳定的财产权制度，就不可能有一个稳定的社会。现代产权经济学与制度经济学证明，英国、荷兰、西班牙等西欧国家在近代的崛起得益于财产权制度的建立以及财产权对政府的权力规程的重大约束。在地中海欧洲的历史上，是有了财产权利的分离才有了个人自由、尊重他人自由的道德观念。文明演进又促进了对法律、正义和财产权的共识。而这些国家之间发展程度的差异则是由这些国家对财产权保障程度的差异决定的；同样，东亚新兴工业化国家和地区与该地区落后的发展中国家现代化程度的不同也可以用财产权的尺度来衡量。财产权不仅是公民个人的经济权利，事实上，也更是政治权利。财产权和自由市场经济必须有政治上的保障，否则就会被统治者的滥权所践踏。财产权的确立分散了社会中的经济权力，因而避免了政治经济权力的高度集中，为民主创造了必要的经济条件。个人的财产越少，国家的财产就越多，这样个人的自由就越难以得到保障，个人在获得生存的物质资源上必然对国家的过度依赖，以至于失去个人的独立人格，同时也加重了其他社会成员的负担。没有财产权与经济自由，国家便成了唯一的雇主。英国已故政治哲学家奥克肖特（M. Oakeshott）尖锐地指出：一旦生产资料归于单一的占有者之手，奴役就近在眼前。

众所周知，发展经济学家金德尔博格说过，若赋予农民土地财产权，他会把沙漠变成绿洲；如果农民只有租赁权，他会把绿洲变成沙漠。我们也可以说，如果给农民土地财产权，就可以制约政府滥征地行为，就利于征地补偿制度的完善；如果农民缺乏土地财产权，政府的征地权便会无限膨胀，征地补偿制度的弊端将会继续存在，地方政府因地腐败状况还会继续恶化。农民作为应该享有相对独立的经济利益的实体，应该平等地分享土地价值以及土地增值部分，但是，事实相反，其基本的经济权益受到损害，这不符合经济正义原则。农民作为社会成员一分子，应该得到平等的对待。如德沃金所言，真正的平等是资源的平等，资源平等预设了资源应该属于生命平等的每一个人。

按照马克思的土地产权理论，西方现代产权理论，中国《物权法》的规定，产权可以脱离所有权而独立存在，可以是一束权利也可以是某一项权利。所以，无论何种农地产权制度设计方案，只要首先从制度、法律层面赋予农民土地财产权，同时，建立相应的体制和运作机制，以切实保护农民土地财产权，把损害农民经济权益的程度降到最低，给农民以自由选择权，就能够实现经济正义，实现社会主义社会公正、公平、和谐发展。

逐步赋予农民土地财产权，不等同土地私有化。根据马克思的土地产权理论及土地产权结构变迁理论，土地产权可以是与所有权相统一的占有权、支配权、使用权、处置权等构成的权利束，也可以是与所有权分离的、可以独立存在的、某一单项权利。土地产权结构的调整与变迁，应该从实际出发，适时进行。中国法学界也认为，土地产权可以与所有权统一也可以与所有权分离。重点是任何一项权利的完整性。

我们党和政府一直重视农民权益保护。2004 年底出台了《国务院关于深化改革严格土地管理的决定》（即国务院 28 号文件），提出征地补偿要保证被征地农民生活水平不因征地而降低，长远生计有保障的要求。党的十八届三中全会全面指出，要建立城乡统一的建设用地市场。在符合规划和用途管制的前提下，允许农村集体经营性建设用地出让、租赁、入股，实行与国有土地同等入市、同权同价的政策。缩小征地范围，规范征地程序，完善对被征地农民合理、规范、多元的保障机制。扩大国有土地有偿使用范围，减少非公益性用地划拨。建立兼顾国家、集体、个人的土地增值收益分配机制，合理提高个人收益。完善土地租赁、转让、抵押二级市场。

党的十八届三中全会精神表明，要始终坚持农村土地集体所有权，依法维护农民土地承包经营权，发展壮大集体经济。稳定农村土地承包关系并保持长久不变，在坚持和完善最严格的耕地保护制度前提下，赋予农民对承包地占有、使用、收益、流转及承包经营权抵押、担保权能，允许农民以承包经营权入股发展农业产业化经营。鼓励承包经营权在公开市场上向专业大户、家庭农场、农民合作社、农业企业流转，发展多种形式规模经营。

同时，要赋予农民更多的土地财产权利，保障农民集体经济组织成员的权利，积极发展农民股份合作，赋予农民对集体资产股份占有、收益、有偿退出及抵押、担保、继承权。保障农户宅基地用益物权，改革完善农村宅基地制度，选择若干试点，慎重稳妥推进农民住房财产权抵押，担保、转让，探索农民增加财产性收入渠道。建立农村产权流转交易市场，推动农村产权流转交易公开、公正、规范运行。

国土资源部十分重视征地工作中存在的问题，于 1999 年开始前期理论研究，并于 2001 年、2002 年先后在 12 个省的 19 个城市启动了两批征地制度改革试点，取得了明显的成效。国土资源部提出了征地管理工作“四个必须”的要求：一是征地工作必须严格执行土地利用总体规划和年度计划；二是征地必须充分征求被征地农民对补偿安置方案的意见；三是必须在征地补偿安置费用足额到位后才能动工用地；四是必须公开征地程序、补偿安置费用标准及使用管理情况。王世元在 2008 年 4 月 8 日全国纠风工作会议上指出，要严格土地管理，切实维护农民土地权益。一是要严格控制，减少对耕地的占用。通过对 83 个城市用地进行审查，共核减申报用地 17.55 万亩，占申报面积的 31.8%。与 2006 年相比，农用地转用减少了 10%，占用耕地减少了 17.1%；经对 7 个省 34 个项目的论证，核减不合理占用耕地 8737 亩。二是要进一步落实征地补偿安置政策，维护农民土地权益。按照国务院要求，全国 2/3 以上省份出台了被征地农民纳入社保的政策文件，建立了失地农民社会保障基金。三是要依法依规，严格执行土地招拍挂出让制度。全国招拍挂出让土地面积和价款，从 2006 年的 106.65 万亩、5796 亿元，提高到 2007 年的 172.95 万亩、9551 亿元，提高了 1.6 倍以上，促进了资源的市场配置。四是加大监管和查处力度，纠正损害农民土地权益行为。各地陆续建立了征地补偿纠纷协调裁决制度，与有关部门通力合作，开展土地执法、土地突出问题整治等专项行动。

征地问题涉及农民土地所有权和地方政府对土地财政的冲动等一系列深层次矛盾。就农民土地的所有权而言，需要明晰产权的土地，不仅包括耕地，也包括集体建设用地及宅基地的权属问题。

党的十八大报告明确提出，改革征地制度，提高农民在土地增值收益中的分配比例，并依法维护农民土地承包经营权、宅基地使用权。在新型城镇化进程中，必须统筹推进相关土地制度改革，着力解决城镇化进程中的用地“瓶颈”，实现土地配置市场化、农村土地资本化，优化农村资源配置和产业结构，使城镇化真正收获城乡统筹发展、共同繁荣的成果。全面开展农村土地确权登记颁证工作，健全农村土地承包经营权登记制度，强化对农村耕地、林地等各类土地承包经营权的物权保护。尽快完成农村土地承包经营权确权登记颁证工作，妥善解决农户承包地块面积不准等问题。加快包括农村宅基地在内的农村集体土地所有权和建设用地使用权地籍调查，尽快完成确权登记颁证工作。推进土地承包经营权依法有序流转，确保不损害农民权益、不改变土地用途、不破坏农业综合生产能力。“截至2012年年底，全国农村集体土地所有权累计确权登记发证约620万宗，发证率达94.7%，基本完成了农村集体土地所有权确权登记发证任务。”国土资源部将进一步加快推进宅基地和集体建设用地确权登记发证工作。“农地确权”，将为中国土地市场化解城乡二元化的“坚冰”奠定坚实基础，进而为新型城市化建设的推进铺平道路。

应当“结束牺牲一些人的利益来满足另一些人的需要的情况”，让“所有人共同享受大家创造出来的福利”。[①] 相信有党的领导和社会各界的关心和支持，失地农民经济权益损失问题一定能够得到解决，并在城乡统筹，城乡一体化发展，社会主义和谐社会的建设等方面，取得更大的成就。

① 《马克思恩格斯选集》（第1卷），人民出版社1995年版，第243页。

附　　录

案例 1 “6·28”事件之前瓮安群体冲突不断

2008－07－14　16：37：04　来源：（北京）

《瞭望东方周刊》记者黄志杰/贵州瓮安报道

“6·28”事件之前的瓮安

贵州省委书记石宗源在“6·28”事件后公开表示，要到群众最需要我们的地方去、到矛盾突出的地方去，变上访为下访……绝不能回避矛盾、敷衍群众，从而使群众的不满情绪积淀并不断激化。

6月28日、29日，当地群众聚集在县委县政府大楼、公安局大楼附近，烧毁县委大楼，烧毁县政府104间办公室、公安局大楼47间办公室和四个门面，烧毁54辆车，其中包括22辆警车。

聚集人数一度达到两万人。在贵州省强力措施之下，瓮安恢复正常秩序。

贵州省委书记石宗源对此分析说：这次事件，导火索是女中学生的死因争议，但从一起单纯的民事案件酿成一起严重的打、砸、烧群体性事件，其中必有深层次的因素。一些社会矛盾长期积累，多种纠纷相互交织，矿群纠纷、移民纠纷、拆迁纠纷突出，干群关系紧张，治安环境不够好。因此，“这起事件看似偶然，实属必然，是迟早都会发生的。瓮安县委、县政府、县公安局和有关部门的领导干部负有不可推卸的责任”。

《瞭望东方周刊》调查发现，在此之前，瓮安群体性冲突不断，每爆发一次，政府威信就减少一分，沸腾的民怨，早已将瓮安县政府推到火山口上。

江界河的移民冲突

瓮安县城往遵义方向50公里处，是瓮安县龙塘乡江界河村。

某种程度上，江界河村比瓮安县更有名。当年，红军正是在这里强渡乌江，取得长征以来第一个大胜利，打开了通往遵义的大门，并举行了具有历史转折意义的遵义会议。作为一个历史节点，贵州省政府在这里设立了“红军强渡乌江江界河战斗纪念碑”。

然而，《瞭望东方周刊》记者看到，这里的村民住的都是临时搭建的茅草棚，满山遍野。这一切，都是因为水电站的建设。

2003年，贵州省决定在江界河下游修建构皮滩水电站，这是国家“十五”期间开工建设的大型水电工程项目及贵州西电东送的标志性工程，也是乌江流域水电开发规划中最大的水电站。

大坝蓄水后乌江水位将上涨130多米，乌江天险变成高峡平湖，江界河村也将被淹没。

听说有记者到来，住在草棚里的村民选出20位代表与本刊记者座谈。他们介绍说，移民工作开始后，当地干部宣布：每人补偿1.8万元。当地干部没有详细回答这个数的计算标准和依据，更没有向村民们解释清楚：为什么邻县的补偿就更高？同样是在本地，乌江水文站的房子每平方米补偿500元，而江界河村村民的房子只给补偿232元，此外，水文站每棵橘子树补偿1000元，而江界河则只有100元。

江界河村的气温比瓮安其他地方更高一些，更适合橘子生长，种橘子是村民收入的主要来源之一。

村民们说，他们发现，当地政府对江界河村人口统计为2000人以上，而该村实际只有960人，这被理解为地方干部向上级虚报人数，将本来应该属于江界河村民的钱分走了。

在一次会议中，当地村民意外地“捡”到了一份《乌江构皮滩水电站库区移民安置实施规划编制工作细则》，这份由“贵州省大中型水电工程移民开发领导小组”制定的文件里说，移民搬迁应“以村组为单位，尽量就近安置”。

这一精神符合村民们的诉求，村民们就是想后撤到水线以上，仍然留在岸边。村民们明白，将来这里是修码头的最好地段，他们将来仍然能靠水而生。

而当地干部要求村民签署文件说：在得到补偿后，将水库线上线下所有土地全部交清，然后各自去外地寻找地方住。在村民们看来，地方干部显然是想把他们全部赶走，收土地后又搞开发赚钱。

2004 年 12 月 15 日，时任瓮安县长、后升任瓮安县委书记的王勤以及长江水利委员会等多家单位的领导来到江界河村考察。

村民们向县领导询问补偿标准详情，遭到回绝。

至少 8 位村民说他们清晰记得现场原话：王勤当时口气坚定，“补偿就是这么多”。而另一位副县长则宣称：“告到玉皇大帝那里也只有一万八，你们这些人，不知好歹！”

村民们因此被激怒，他们坚持要求：领导们必须将上级政策讲明白后才能走。政府的两台车辆因此被扣留。其时，村里聚集的移民超过 1000 名。

第二天晚上七时许，400 名左右警察抵达江界河“解救人质”，并与村民发生了流血冲突。村民们统计说，该村共有 34 人受伤，其中包括四名妇女和六名儿童，其他外地来围观的移民也有伤者。

此后，五六十名村民围攻了龙潭乡政府。而政府方面也表示出强硬的态度，村民们说，当时乡里的卫生院拒绝接收在冲突中受伤的村民，村卫生室也接到类似通知。村民们只好渡过乌江，到遵义医治，或者用一些土方自行治疗。

因“6·28”事件被免职的瓮安县公安局局长申贵荣坦陈，仅 2004 年，警方为移民纠纷，“一年里就出动了好多次”。江界河这一次是其中的典型。

到底上面拨了多少款下来

地方干部和移民的关系由此剑拔弩张，地方干部甚至无法与村民进行直接沟通，只能通过从江界河村到外地工作的人来了解村民的想法。村民犹飞（化名）等人甚至看到，2005 年 6 月 27 日，乡政府购买了大量棍棒、钢管放在顶楼。这被村民们理解为用来与江界河村民打架用的。

一些试图进入江界河的外地人，尤其是记者，很快就会受到特殊

“关照”。2005年，山西某报社重走长征路的记者经过这里时被发现了身份，随后“与乡政府发生了不愉快”。

2007年4月6日，政府雇请的挖掘机进村开始强制拆迁。当时的照片资料显示，房子被挖掘机推倒后，拆迁者还将木料烧掉，以防止村民重新盖房子。稻田、玉米被铲除，灌溉沟渠和饮用水井被挖掉或者填掉。

许多村民无法坚持，搬迁离开。有54户人坚持留下来，他们在将来蓄水后的水位线以上，搭建了许多草棚，错错落落地分散在“红军强渡乌江江界河战斗纪念碑”附近。

“办身份证、学生考学办证、办低保，只要听说是江界河的，就不给办，除非搬迁。”村民们说。

这里没有水、电，留下来的村民们吃水要从100多米深的河谷挑水，给手机充电要到村外。

2008年4月，瓮安县对已搬迁移民支付了第二批补偿，给每个人新增了1.2万元。这次支付打破了原来宣传是定死了的论调：“只有1.8万元，不会再多了。”

新增加的补偿也让移民们有了更多的质疑，“到底上面拨了多少款下来?”

已经搬迁的移民也有一肚子苦水。

移民王可（化名）告诉《瞭望东方周刊》记者，愿意接收他盖房的村委会和镇政府都盖了章，按照规定，还必须让移民局盖章，他跑了一个多月，硬是没有得到这个盖章，房子因此无法动工。

另一个移民江岸（化名）的儿子2002年考上了西安一所重点大学，但是2006年毕业后没有找到一个正式可以落户的工作单位，于是只好将户口从学校迁回了老家，然而，移民局不承认这个土生土长的大学生是库区本地人，拒绝将他列入移民名单。

瓮安县城文峰加油站附近的50多户移民则苦于水电问题，他们自2006年在这里买地建好房子之后一直无法通水通电，原因是移民局认为他们的房子修了七层，超过楼层限制。但诡异的是，一些同样是修了七层房子的移民却可以通水通电，移民们认为这是“要我们去走关系”。

一位王姓老奶奶抱着一个两岁半的孙子向《瞭望东方周刊》记者哭诉说：同是一个村，别的小孩也是两岁半就可以得到补偿，而她的小孩就不能算。她不断跑移民局，一直没有结果。后来，一个负责办事的干部说：如果你愿意少领3000元，你这个事情我就帮你办下来，如果不愿意，就放在这里吧。

"3000块对我们来说好难挣的，我舍不得啊。"老奶奶哭着说。

"水能载舟，亦能覆舟。"在7月3日召开的贵州省委瓮安"6·28"事件阶段性处置情况汇报会上，贵州省委书记石宗源表示，"必须对这一事件进行深刻反思，认真吸取教训"，"必须始终把人民群众赞成不赞成、答应不答应、高兴不高兴作为我们一切工作的出发点和落脚点，始终把群众的冷暖放在心上，时时、处处、事事以维护人民群众权益为重。"

石宗源要求贵州全省以深入开展"县委书记大接访"活动为契机，"到群众最需要我们的地方去、到矛盾突出的地方去，变上访为下访……绝不能回避矛盾、敷衍群众，从而使群众的不满情绪积淀并不断激化"。

案例2　北京奥运项目征地"顺义纠纷"农转非后谋生尴尬

［文章来源］《中国经营报》　　　［发表时间］2005-08-13

对于北京顺义区马坡乡和北新庄镇的村民来说，奥运带给他们的感受是十分复杂的：在翘首期盼奥运改变生活状态的同时，他们却遇到了意想不到的烦恼——奥运项目征地的补偿令他们难以满意。于是，围绕1375亩奥运水上场馆的征地和补偿安置，一场纠纷开始了。

难以接受每天9毛钱的生活补偿

2004年底，经过激烈的竞争，顺义区在争取奥运水上场馆的竞争中胜出，顺义区奥管委的资料显示，在顺义区马坡乡，将建设一个占地1375亩的奥运会水上项目运动中心，那时的顺义区领导可能不会想到，奥运水上运动中心会引发征地纠纷。

记者了解到，奥运水上项目运动中心所要征占的这1375亩的土地全部为农用地，且为耕地。此外，还涉及600多亩的安保设施用地将长期租用，总共需要圈占土地2000余亩，据当地村民介绍，这些土地涉及三个自然村，牵涉人口将近万人。

按照原计划，这项工程将在2005年5月中旬开工建设，并按照对国际奥委会承诺，于2007年全部竣工，不过，从目前的情况看，至少按时开工已经是不可能的了。

就在圈地的围挡树立起来的当日，来自马坡乡和北新庄镇的村民就在被圈占的土地中阻止施工队伍进场施工。“我们都很支持奥运，但征地也要确保我们村民的利益，”张大妈说。她告诉记者，现在村民们的要求很简单，就是把征地赔偿款分发到个人。

记者从村民那里获得的《征地补偿协议》书显示，本次征地的补偿标准为每亩7万元，征地赔偿费用总额为96250000元，这一数字记者在北辛庄镇北小营村大队书记胡连庆那里也得到了证实。

胡连庆告诉记者，根据北京市2004年下发的148号文件，征地补偿款不能分发到个人，需由乡村政府统一管理，“要用这笔钱建立一个资本公积金账户，用这笔钱产生的收益，支付失地农民的生活保障费用。”他说。

但分歧随之产生，村民表示，如果按照这样的操作方式进行补偿，那么每人每年获得的生活补偿就只有356元，“我们怎么生存？平均每天的生活费用才九毛多钱！”一位村民对记者表达着自己的不满。

农转非后的谋生尴尬

关于补偿的分歧还不只如此。

按照北京市2004年下发的148号文件，对征地涉及的农民实行“逢征必转”的政策，即所有被征收土地的农民都将就地转为城镇居民，享受市民待遇，同时，这份文件还规定，征地补偿费用由两部分组成：土地补偿费和安置补助费。

按照《土地管理法实施条例》的有关规定，土地补偿费归农村集体经济组织所有，而安置补助费则被用于转非农民的安置，以及转非劳动力基本养老保险、基本医疗保险、失业保险、一次性就业补助费和征地超转人员接受费用，“真正能够分发到转非农民（劳动力）手中的，只有一次性就业补助费”。北京市政府的一位官员告诉记者。

于是问题由此产生：转非了的农民在户籍上成了城镇人口，享受城镇人口享有的社会保障，要通过就业来解决自己的生存问题。而一旦找不到工作，在享受24个月的失业保险之后，他们又将重新回到无稳定生活来源的状态，而此时，他们已经失去土地。

北京市民政局一位主管征地补偿的官员告诉记者：“对于在征地时就已经达到退休年龄的人，我们叫作超转人员，在转非之后，立刻可以领取养老保险，对于转非劳动力而言，原则上讲，应安置进企业，或者自行就业，来解决生活来源问题。”她明确告诉记者。

“如果找不到工作，可以享受失业保险，但是有期限的，和城镇居民一样，是24个月。”她强调，这就意味着，如果两年以后，转非劳动力仍不能就业，在达到法定退休标准之前，将难以拿到其他的生活来源。

然而，对于劳动力年龄段转非农民的就业安置状况，就连她也感到担心，“目前的情况是，有的乡政府成立了企业，对这些人进行安置，但也只能解决一小部分问题，大部分人还是要自谋职业，但由于文化水平、技能等方面的问题，基本没有企业愿意接纳他们，这部分人的生活来源很成问题，这也是类似事件频繁出现的原因。”

那么，城镇居民可以享有的“低保待遇”能否解决转非劳动力面临的这些问题呢，答案仍是比较困难，因为安置补助费当中有“一次性就业补助费”，而这些补偿将被核算进转非劳动力的月收入中。

“这么一核算，基本上所有的转非劳动力都不够低保线，自然也就无法享受‘最低生活保障’。”一位知情人士告诉记者。

该补偿生存权还是财产权？

截至本刊截稿时，记者再度与当事几方取得联系，获知事态至今未有任何进展，“哪一方都有自己的依据。”一位参与事件处理的工作人员对记者说，而这位工作人员也切身感受到了建立类似问题解决机制的紧迫性。

以法律的形式对类似问题给予清晰的界定是十分必要的。一位参与《物权法（草案）》制定的法律专家告诉记者，在草案的制定过程中，国家征占土地的补偿问题已经引起了高度的重视，至于是不是要把农村农民耕种的集体土地纳入个人财产的范围，以法律的形式加以保障，还要看现在征集修改意见的情况以及明年3月召开的全国人大的表决。

“这个问题十分敏感，因此，现在很难有一个明确的结论，不过，可以肯定的是，类似的问题已经引起了足够的重视，用法律的形式明确进行界定也是必须走的道路。”他说。

这位专家告诉记者，《物权法》很可能以“永佃权”对农民耕种的土地进行财产的界定，“我现在比较倾向的是，以耕种土地的年限界定农民是否对耕地拥有永佃权，当超过一定的年限之后，就可以视农民的耕地为个人财产，以法律的形式加以保护。”他说。

立法十分必要，但立法却需要时间。而在此之前，迅速建立一套相应的补偿机制来应对一系列的问题已经迫在眉睫，然而，令人遗憾的是，目前这种机制建立起来十分困难。

“现在主要的问题就是适龄转非劳动力的问题”，北京市民政局一位主管官员告诉记者，“一些原乡镇政府在农转非之后，采用了注册企业，将适龄转非劳动力吸纳进自办企业的方式解决这些转非农民的生活来源问题，不过，目前的情况也不是很好”。

这种机制难以取得很好效果的原因在于两方面：一是自办企业自身的生存问题，由于市场竞争激烈，自办企业通常经营管理水平不高，往往难以承受住激烈的市场竞争，最终还是会被淘汰。二是企业的容量问题：由于目前类似的自办企业多是从事社区保洁等方面的业务，企业规模较小，就算能够在市场中生存，也难以真正将所有的转非劳动力吸纳到自办企业中。

在这样的情况下，在征地补偿方式和标准上进行必要的突破就成为一个可行的途径。

2004年，国务院发布了《关于深化改革严格土地管理的决定》和《关于完善征地补偿安置制度的指导意见》两个文件，对30倍的上限进行了突破，要求地方政府对土地补偿费和安置补助费的总和达到法定上限，尚不足以使被征地农民保持原有生活水平的，进行相应补贴。

所谓30倍的上限是指，根据《土地法》的规定，征地产生的土地补偿费和人员安置费用总和不得超过土地被征收前3年平均年产值的

30倍，而在2004年的两个文件下发之后，突破30倍的上限已经成为可能，目前，剩下的问题，也就是执行层面的问题。

此外，记者从国土资源部内部了解到，土地利用司方面已经开始考虑“征地与买地同价”的政策思路。也就是说，要求征占土地的补偿与市场上购买土地的价格采取同一标准，并通过土地占有和使用环节上课税，建立土地收益基金制度，解决城市发展的可持续性问题。

“现在这个制度正在研究的过程中，”一位国土资源部的内部人士告诉记者，“至少已经提上了议事日程，但是，具体什么时候能够正式出台，现在还是有大量的工作要做”。

案例3　北京市农权律师事务所文件

农权法函字［2008］第106号

关于山东省曲阜市小雪镇石家村第六小组孔令文等村民承包土地被“曲阜孔子文化会展中心”非法占用一案的法律意见书

北京市农权律师事务所接受山东省曲阜市小雪镇石家村第六小组孔令文等部分村民的委托，依法代理和调查“曲阜孔子文化会展中心”占用孔令文等村民承包地是否合法、补偿是否合理等问题。通过到相关部门调查和实地勘察，经集体研究，本所认为，在山东省曲阜市人民政府、济宁市人民政府占用孔令文等村民承包地修建“曲阜孔子文化会展中心”的过程中，存在未批先占（土地）、故意毁损村民果树等财产的违法问题，同时在拟征收土地的过程中，存在征地报批程序违法、拟征土地调查现状未经被征地农民确认、补偿安置不到位、不合理等问题，应当予以撤销和纠正。具体理由和法律意见如下：

一、曲阜市政府、济宁市政府未经依法征收、征用等程序，直接占用承包地用于修建“曲阜孔子文化会展中心”的行为，属于未批先占、违法占地。

2007年12月始，济宁市政府即开始占用曲阜市小雪镇石家村、前彭村、北雪村三个村的耕地，用于修建“曲阜孔子文化会展中心”，占地面积800多亩。2008年5月26日，本所律师到相关部门调查后发现，“曲阜孔子文化会展中心”项目占地分为两部分，一部分集体土地业经山东省人民政府鲁政字［2004］25号《关于曲阜市2003年第十批次城市建设用地的批复》批准征收为国有土地（至今没有公告征用土地方案、征地补偿、安置方案），但曲阜市国土地资源局至今未为该项目用地办理供地、用地手续；另一部分集体土地属拟被征收土地，曲阜市人民政府仅于2008年5月14日以《曲阜市2008年第一批次建设用地》报至山东省国土资源厅待批。

根据《中华人民共和国土地管理法》第四十三条“任何单位和个人进行建设，需要使用土地的，必须依法申请使用国有土地”、第四十四条“建设占用土地，涉及农用地转为建设用地的，应当办理农用地转用审批手续”、第四十五条“征收下列土地的，由国务院批准：（一）基本农田；（二）基本农田以外的耕地超过三十五公顷的；（三）其他土地超过七十公顷的。征收前款规定以外的土地的，由省、自治区、直辖市人民政府批准，并报国务院备案。征收农用地的，应当依照本法第四十四条的规定先行办理农用地转用审批……”之规定，任何单位和个人进行建设，必须申请使用国有土地，如建设占用土地涉及使用农用地的，应当办理农用地转用及征地审批手续。而“曲阜市孔子文化会展中心”项目未经农转用及征收而直接占用村民承包地的行为，显然严重违法，显属国务院三令五申、明令禁止的“未批先占”，应予制止和纠正。

二、鲁政字［2004］25号《关于曲阜市2003年第十批次城市建设用地的批复》已自行失效，原批准征收的土地仍归原耕种集体。

2004年1月16日，经山东省人民政府鲁政字［2004］25号《关于曲阜市2003年第十批次城市建设用地的批复》批准征收石家村、前彭村、北雪村集体土地共计35.0253公顷。但相关部门至今没有公告征用土地方案和征地补偿安置方案，也没有向被征地农民支付任何补偿费用。而根据国土资源部《关于完善农用地转用和土地征收审查报批工作的意见》第十四条“农用地转用和土地征收批准文件有效期两年。农用地转用或土地征收经依法批准后，市、县两年内未用地或未实施征地补偿安置方案的，有关批准文件自行失效，土地归还原耕种集体”

之规定，该审批文件已经失效，土地仍归原耕种集体。因此，如“曲阜孔子文化会展中心”项目使用该块土地，仍应重新办理征地审批手续，相关部门也不应当直接为其办理供地、用地手续。

三、拟征土地报批程序违法，直接侵害了拟被征地农民的知情、确认权。

《国务院关于深化改革严格土地管理的决定》（国发［2004］28号）第十四条规定：“在征地过程中，要维护农民集体土地所有权和农民土地承包经营权的权益。在征地依法报批前，要将拟征地的用途、位置、补偿标准、安置途径告知被征地农民；对拟征土地现状的调查结果须经被征地农村集体经济组织和农户确认；确有必要的，国土资源部门应当依照有关规定组织听证。要将被征地农民知情、确认的有关材料作为征地报批的必备材料”。

山东省国土资源厅《关于进一步加强和改进征地补偿安置工作的通知》（鲁国土资发［2005］71号）第四条规定：“在征地依法报批前，负责具体实施征地行为的市、县国土资源部门应将拟征地的用途位置、补偿标准、安置途径等，以征地预公告、征地告知书等书面形式广泛告知被征地农村集体经济组织和农户……在进行征地现场调查时，当地国土资源部门应深入村、组，对拟征土地的权属、地类、面积以及地上附着物权属、种类、数量等现状进行实地调查，登记造册。调查结果应与被征地农村集体经济组织、农户和地上附着物产权人共同确认，以此作为拟订、计算具体补偿数额的依据。在征地依法报批前，当地国土资源部门应告知被征地农村集体经济组织和农户，对拟征土地的补偿标准、安置途径有申请听证的权利。当事人申请听证的，应按照《国土资源听证规定》规定的程序和有关要求组织听证”。

而在本案中，村民对征地的情况一概不知，有关部门既未告知补偿标准及安置途径，也从未进行拟征土地现状调查，更未让被征地农民对土地现状调查结果进行确认。尤需指出的是，该建设项目占地涉及很多果树和经济作物，直接关系村民的生计和生存，依法应组织听证，而有关部门从未进行过任何听证程序。因此，“曲阜孔子文化会展中心”建设项目征地程序严重违法，严重侵害了被征地农民的确认、知情权，严重损害了被征地农民的合法权益。

四、相关部门没有落实社会保障费用，没有考虑失地农民的社会保障问题，严重损害了拟被征地农民的合法权益。征地审批部门不应批准征地。

《国务院关于加强土地调控有关问题的通知》（国发［2006］31号）第二条规定："征地补偿安置必须以确保被征地农民原有生活水平不降低、长远生计有保障为原则。各地要认真落实国办发［2006］29号文件的规定，做好被征地农民就业培训和社会保障工作。被征地农民的社会保障费用，按有关规定纳入征地补偿安置费用，不足部分由当地政府从国有土地有偿使用收入中解决。社会保障费用不落实的不得批准征地。"

山东省人民政府《关于进一步做好征地补偿安置工作切实维护被征地农民合法权益的通知》（鲁政发［2004］25号）指出："积极推行失地农民基本生活保障制度。各地要按照省政府鲁政发［2003］115号文件要求，抓紧研究制定具体实施办法，落实保障对象和保障资金，确保在年底前全面建立失地农民基本生活保障制度。"

《中华人民共和国物权法》第四十二条规定："为了公共利益的需要，依照法律规定的权限和程序可以征收集体所有的土地和单位、个人的房屋及其他不动产。征收集体所有的土地，应当依法足额支付土地补偿费、安置补助费、地上附着物和青苗补偿费等费用，维护被征地农民的合法权益。"

而在"曲阜孔子文化会展中心"项目占用村民承包地、相关部门办理拟征土地过程中，相关部门没有以征地预公告、征地告知书等书面形式广泛告知被征地农户，也没有落实社会保障费用，更没有考虑失地农民的社会保障问题。因此，征地审批部门应当从严审查，认真贯彻"被征地农民原有生活水平不降低、长远生计有保障的原则"，对相关部门没有落实社会保障费用的，不应批准征地。

五、在没有办理农转用及征地审批、没有给村民任何经济补偿的情况下，故意破坏耕地、毁损村民承包地上的果树、经济作物等附着物，属严重违法、侵权，应予制止和纠正。

2008年5月7日，曲阜市相关部门在孔令文、孔德胜、孔德军等村民不知情的情况下，在没有支付任何经济补偿的情况下，强行铲挖、毁掉村民承包地内的果树（其中，大桃树916棵、中桃树322棵、小桃树28棵）、杨树（159棵）、柏树（90公分高、3800棵）等附着物，致使村民遭受严重损失，也导致承包的耕地被严重破坏。而根据《中华人民共和国土地管理法》、《中华人民共和国土地管理法实施条例》及《征用土地公告办法》的规定，只有在取得合法的征地批准手续、依法进行了“两公告一登记”等程序并对被征地农民进行补偿安置后，才能要求被征地农民交出土地。而“曲阜孔子文化会展中心”建设项目在没有取得征地批准文件、在集体土地没有被征收为国有土地的情况下，就强行占地施工，毁坏农民种植的正值盛果期的果树及其他经济作物，显然侵犯了农民合法的土地承包经营权及财产权，显属违法侵权之举，故希有关部门对此侵权行为及时予以制止和纠正，责令该建设项目立即停止施工，并对因侵权行为而给农民造成的经济损失予以赔偿。

“曲阜孔子文化会展中心”的建成，对助推曲阜文化产业发展、彰显曲阜乃至济宁的文化品位具有十分重要的意义，同时也可带动曲阜地方经济的发展。村民对此表示理解和支持。但在发展旅游、推动文化产业发展的同时，更应遵循法律法规的规定，做到合理合法。而不能顾此失彼，不能因为发展旅游，就未批先占（农民集体土地），置广大村民利益于不顾。

我们希望有关部门对“曲阜孔子文化会展中心”项目占地过程中存在的违法行为予以关注，及时对上述违法问题予以查处和纠正，积极化解矛盾，妥善解决问题，认真贯彻落实2008年“两会”会议精神——关注民生构建和谐社会，从而从根本上维护社会稳定。

北京市农权律师事务所

二〇〇八年六月十一日

参考文献

英文文献

[1] Amartya Sen, *Poverty and Famines—An Essay on Entitlement and Deprivation*, International Labour Organization, 1997.

[2] Demsetz and Harold, *Ownership*, *Control and the Firm*, Basil Blackwell. Inc. , 1988.

[3] A. C. Pigou, *The Economics of Welfare*, London, 1924.

[4] Alfred Marshall, *Principles of Economics*, The Macmillan Company, London, 1938.

[5] Joseph A. Schumpeter, *Capitalism*, *Socialism and Democracy*, Reprined 1992 by Routledge.

[6] Jean Dreze and Amartya Sen, *Hunger and Public Action*, Oxford University Press, 1998.

[7] Sen, A. K. , *On Economic Inequality*, Oxford, Clarendon Press, 1973.

[8] Arrow, Kenneth, *Social Choice and Individual Values*, wi2. Ley Press, 1963.

[9] F. A. Hayek, *The Fatal Conceit*, *The Error of Socialism*, London Routledge, 1988.

中文文献

[10]《中国发展报告·中国工业化进程报告》，2008 年 10 月，中国发展门户网。

[11] 徐瑞娥：《中国失地农民的现状、原因与对策》，《经济研究参考》2006 年第 31 期。

[12] 陆仟等：《关于中国失地农民的安置和补偿问题的思考》，《山东农业大学学报》2005 年第 2 期。

[13] 姚蕾：《城市化进程中失地农民利益损失及对策》，《兰州学刊》2005 年第 2 期。

[14] 黄志杰：《"6·28"之前的瓮安》，2008 年 7 月，新华网。

[15]《马克思恩格斯选集》（第 3 卷），人民出版社 1995 年版。

[16] [印度] 阿马蒂亚·森：《以自由看待发展》，任赜、于真译，中国人民大学出版社 2002 年版。

[17]《中华人民共和国宪法》，法律出版社 2004 年版。

[18]《中华人民共和国土地管理法》，法律出版社 2004 年版。

[19]《农村土地承包法》，法律出版社 2003 年版。

[20]《物权法》，法律出版社 2007 年版。

[21] 王世元：《严格土地管理切实维护农民土地权益——在全国纠风工作会议上的发言》，《国土资源通讯》2008 年第 9 期。

[22] [美] 洪朝辉：《论中国农民土地财产权利的贫困》，《当代中国研究》2004 年第 1 期。

[23] 沈守愚：《土地法学通论》，中国大地出版社 2002 年版。

[24] 张全景等：《中国土地征用制度的理论考察及改革思考》，《经济地理》2003 年第 11 期。

[25] 朱明芬：《浙江失地农民利益保障现状调查及对策》，《中国农村经济》2003 年第 3 期。

[26] 黄祖辉等：《非公共利益性质的征地行为与土地发展权补偿》，《经济研究》2002 年第 5 期。

[27] 王明祥：《江苏省实施征地制度改革的思考》，《中国土地科学》2003 年第 8 期。

[28] 国土资源部征地制度改革研究课题组：《征地制度改革研究报告》，《国土资源通讯》2003 年第 11 期。

[29] 项兆伦等：《土地制度改革：一个重大理论和实践问题》，《中国征地改革国家研讨会简报》2004 年第 21 期。

[30] 张海波等：《中国城市化进程中失地农民的社会适应性》，《社会科学研究》2006 年第 1 期。

[31] 鲍蓓：《对失地农民权益的研究》，《现代商业》2005 年第 4 期。

[32] 刘炳君：《论失地农民权益的法律保护》，《山东教育学院学报》2007 年第 6 期。

[33] 康松等：《城市化进程中失地农民权益损失及其保障对策》，《农村经济》2005 年第 8 期。

[34] 郭春华等：《土地征用中农民利益边缘化问题分析——对江苏省金坛市有关问题的调查》，《小城镇建设》2003 年第 2 期。

[35] 张莉：《当前中国失地农民利益受损的制度分析》，《广东行政学院学报》2005 年第 2 期。

[36] 钱忠好等：《中国土地征用制度：反思与改革》，《中国土地科学》2004 年第 10 期。

[37] 蒋媛媛《征地补偿与失地农民保障问题》，《观察与思考》2005 年第 12 期。

[38] 曲天娥：《农民失地的原因分析及对策》，《中国国土资源经济》2004 年第 3 期。

[39] 沈关宝等：《城市化进程中农民失地的深层次分析》，《探索与争鸣》2006 年第 2 期。

[40] 周玉梅等：《失地农民权益保障的制度创新》，《北华大学学报》（社会科学版）2007 年第 12 期。

[41] 董钊莹：《浅析中国工业化进程中失地农民权益的保障——从现行农村土地法律制度视角》，《法治与社会》2007 年第 6 期。

[42] 冯留坡：《关于被征地农民的权益保障研究》，《经济观察》2008 年第 1 期。

[43] 齐恩平等:《农地使用权的确立是保障农民权益的长效机制》,《农业经济》2007 年第 6 期。
[44] 冯留坡:《关于被征地农民的权益保障研究》,《经济观察》2008 年第 1 期。
[45] 刘文烈等:《试论城镇化进程中失地农民权益保护问题》,《齐鲁学刊》2007 年第 3 期。
[46] 卢继宏等:《政府在失地农民权益保障中的角色定位》,《农村经济》2008 年第 2 期。
[47] 刘炳君:《论失地农民权益的法律保护》,《山东教育学院学报》2007 年第 6 期。
[48] 臧俊梅等:《农地非农化中农地发展权定位与失地农民权益保障研究》,《农村经济》2008 年第 5 期。
[49] 刘浩等:《国内外土地征用制度的实践及其对中国征地制度改革的启示》,《农业经济》2002 年第 5 期。
[50] 王太高:《土地征收制度比较研究》,《比较法研究》2004 年第 6 期。
[51] 刘小玲:《制度变迁中的城乡土地市场发育研究》,中山大学出版社 2005 年版。
[52] 张术环:《浅谈国外征地补偿的方式和原则》,《农业经济》2007 年第 6 期。
[53] 李蕊:《国外土地征收制度考察研究》,《重庆社会科学》2005 年第 3 期。
[54]《马克思恩格斯全集》(第 25 卷),人民出版社 1974 年版。
[55] 胡麒军:《论中国农地产权制度变革》,《甘肃农业》2004 年第 7 期。
[56]《马克思恩格斯全集》(第 4 卷),人民出版社 1958 年版。
[57]《马克思恩格斯全集》(第 46 卷)(上),人民出版社 2003 年版。
[58] 孙宪忠:《论物权法》,法律出版社 2001 年版。
[59] 马克思:《资本论》(第 3 卷),人民出版社 2003 年版。
[60] 郭晓林:《中国征地和农村纠纷》,《中国季刊》2003 年第 422 期。

[61] 马新文：《阿马蒂亚·森的权利贫困理论与方法述评》，《国外社会科学》2008 年第 2 期。
[62] 黄海：《赋予农民土地财产权——一种法社会学的解释》，《湖南经济管理干部学院学报》2004 年第 1 期。
[63] 刘凤芹：《农村土地产权的归属、效率和改革方案》，《学说联机网》2004 年第 6 期。
[64] 张新光：《中国农地产权制度改革实践中的几个理论问题》，《山西师大学报》（社会科学版）2004 年第 10 期。
[65] 张孝直：《中国农村地权的困境》，《战略与管理》2000 年第 22 期。
[66] 邓健鹏：《财产权利的贫困》，中国法律出版社 2006 年版。
[67] 洋龙：《平等与公平、正义、公正之比较》，《文史哲》2004 年第 4 期。
[68] 毛勒堂：《什么是正义——多维度的综合考察》，《云南师范大学学报》（社会科学版）2006 年第 5 期。
[69] 毛勒堂：《西方经济正义思想的历史脉动》，《云南师范大学学报》（社会科学版）2005 年第 5 期。
[70] 周辅成：《西方伦理学名著选辑》（上卷），商务印书馆 1964 年版。
[71] 周辅成：《西方伦理学名著选辑》（下卷），商务印书馆 1987 年版。
[72] 汪行福：《分配正义与社会保障》，上海财经大学出版社 2003 年版。
[73]《马克思恩格斯选集》（第 1 卷），人民出版社 1997 年版。
[74] 刘泽华等：《专制权力与中国社会》，天津古籍出版社 2005 年版。
[75]《马克思恩格斯全集》（第 26 卷），人民出版社 1972 年版。
[76] 侯一边：《关于产权理论几个基本概念的探讨》，《经济问题探索》2001 年第 6 期。
[77] 王泓远：《所有制与产权的范畴比较》，《当代财经》1998 年第 4 期。
[78] 杨卫国等：《所有权、财产权及产权新辨》，《经济问题》2007 年

第 1 期。
[79] 尹德洪:《马克思产权理论和现代西方产权理论比较》,《现代经济探讨》2007 年第 1 期。
[80] 林岗等:《产权分析的两种范式》,《中国社会科学》2000 年第 1 期。
[81] 吴宣恭:《产权理论比较:马克思主义与西方现代产权学派》,经济科学出版社 2000 年版。
[82] 张兴茂:《马克思所有制与产权理论研究》,《河南大学学报》2001 年第 7 期。
[83] 叶祥松:《论马克思的产权理论》,《社会科学家》2000 年第 7 期。
[84] 朱春燕:《马克思产权理论研究述评》,《思想理论教育导刊》2006 年第 6 期。
[85] 和军等:《马克思的产权理论与中国产权改革》,《学术论坛》2007 年第 2 期。
[86] 吴易风:《马克思的产权理论与国有企业产权改革》,《中国社会科学》1995 年第 1 期。
[87] 丁任重等:《马克思的产权理论及其现实意义》,《宏观经济研究》2004 年第 4 期。
[88] 尹焕三:《马克思产权理论新发掘及其现实意义》,《学术论坛》1996 年第 4 期。
[89] 刘波:《产权本质:马克思与现代西方学者比较分析》,《经济与社会发展》2005 年第 10 期。
[90] 刘伟等:《产权通论》,人民出版社 1997 年版。
[91] 孟祥林:《马克思的产权理论体系分析与现实思考》,《华北电力大学学报》(社会科学版)2005 年第 1 期。
[92] 李杰:《试论马克思的产权理论与现代西方产权理论的主要分歧》,《四川大学学报》(社会科学版)2001 年第 5 期。
[93] 黄少安:《马克思主义经济学与现代西方产权经济学的方法论比较》,《教学与研究》1999 年第 6 期。
[94] 徐颖:《西方经济学的产权理论》,《经济研究》2004 年第 4 期。

[95] 张兴茂:《中国现阶段的基本经济制度》，中国经济科学出版社1992年版。
[96] 刘伟:《经济体制改革三论：产权论、均衡论、市场论》，北京大学出版社1990年版。
[97] 王国平:《公有产权论》，立信会计出版社1994年版。
[98] 刘诗白:《社会主义商品经济与企业产权》，《经济研究》1998年第3期。
[99] 张维迎:《产权、政府与信誉》，生活·读书·新知三联书店2001年版。
[100] 张维迎:《产权、激励与公司治理》，经济科学出版社2005年版。
[101]《马克思恩格斯全集》(第1卷)，人民出版社1995年版。
[102]《马克思恩格斯全集》(第9卷)，人民出版社1995年版。
[103]《马克思恩格斯全集》(第3卷)，人民出版社2002年版。
[104]《马克思恩格斯选集》(第3卷)，人民出版社1995年版。
[105] 何怀宏:《公平的正义——解读罗尔斯的〈正义论〉》，山东人民出版社2002年版。
[106] [美] 诺齐克:《无政府、国家与乌托邦》，何怀宏等译，中国社会科学出版社1991年版。
[107] 汪行福:《分配正义与社会保障》，上海财经大学出版社2003年版。
[108] 何怀宏:《平等二十讲》，天津人民出版社2008年版。
[109] [英] 洛克:《政府论》，叶启芳、瞿菊农译，商务印书馆1996年版。
[110] 石元康:《当代自由主义理论》，台湾联经出版事业公司1995年版。
[111] [奥] 米塞斯:《自由与繁荣的国度》，韩光明译，中国社会科学出版社1995年版。
[112] 于学花等:《国外征地制度的特点与中国征地制度的创新》，《理论探讨》2007年第4期。
[113] 杨爱文:《美英日三国土地征用制度的启示》，《生产力研究》

2006 年第 12 期。
[114] [法] 卢梭:《社会契约论》, 何兆武译, 商务印书馆 1997 年版。
[115] RDI (美国农村发展研究所):《征地制度改革与农民土地权利》, 中国经济出版社 2004 年版。
[116] 张术环:《浅谈国外征地补偿的方式和原则》,《农业经济》2007 年第 6 期。
[117] 陈江龙等:《国外土地征用的理论与启示》,《国土经济》2002 年第 2 期。
[118] 辜燮高:《一六八九——一八一五年的英国》(上), 商务印书馆 1997 年版。
[119] 陈锡文:《中国农村发展的五个问题》,《生产力研究》2005 年第 3 期。
[120] 刘丽等:《世界主要国家的土地征用补偿原则》,《国土资源情报》2004 年第 1 期。
[121] 马新文等:《中国西部地区构建农村养老保险制度的基本设想》,《宁夏社会科学》2005 年第 3 期。
[122]《马克思恩格斯选集》(第 2 卷), 人民出版社 1997 年版。
[123] 张德元:《实行土地国有化　赋予农民永佃权》, 2003 年 12 月, 中国农村研究网。
[124] 胡星斗:《关注农民的权利贫困》, 2005 年 10 月, 浙江在线。
[125] 杨小凯:《中国土地所有权私有化的意义》, 2002 年 5 月, 北大新青年网。
[126] 毛科军:《中国农村产权制度研究》, 山西经济出版社 2003 年版。

后　记

本书是在我的博士学位论文基础上完成的。

2004 年 9 月入学在职攻读马克思主义理论与思想政治教育专业博士，2009 年 6 月毕业。回首五年不易的读博岁月，几多艰辛几多磨砺，深感“不能承受的生命之轻”，必须在挣扎中生命才能彰显其意义，期间些许收获些许喜悦，铭刻心间，不能忘怀。

感谢我的导师张思锋教授在为人治学方面给我的模范力量。教授的研究领域宽广，视角独到，精勤于业，求真务实。教授倾其心力于传道、授业、解惑，使我所获颇丰；严格不懈的方法训练，让我受益匪浅；对我论文写作的批评、肯定和鼓励，使我顺利地完成了这个艰巨的课业。

感谢王宏波教授、卢黎歌教授、李建群教授、李玉华教授、焦垣生教授、马治国教授、李忠民教授、段兴民教授对我论文的批评指导。感谢陆树程教授（苏州大学）、陈答才教授（陕西师范大学）、李刚教授及任宝平教授（西北大学），对我论文的肯定与批评建议。众位教授对前沿问题的敏锐把握，看问题视角的独到与全面，在相关学科领域的理论修养及研究成果，这些宝贵的资源引导着我做论文的方向和深度与广度，使我的论文更加完善。感谢李秀芳教授、陈建兵教授为论文答辩所做的所有辛苦的工作。感谢苌花荣教授、刘儒教授、宋永平教授对我的支持与关照，在工作与学习之间的协调，使我有时间保证学业的顺利完成。感谢徐春艳教授，在生命意义层面对我的开启。感谢程爱玲老师、吕蒲叶老师、常龄芳老师在学籍管理及论文答辩过程中所做的细致、烦琐的管理工作。感谢张力之老师在出版方面的高效协调工作。各位老师认真负责，细致周到，在我读博期间、论文开题、预答辩、答辩的每一个环节，都有她们辛勤的劳动。

感谢师兄弟妹们，田鹏、刘建伟、罗亚萍、雍岚、樊晓燕、郑育林、马伟、杨潇、王立剑、张文学等，你们平日的相互鼓励，相互帮助，给了我信心和勇气。

感谢父母一生的呵护。曾几何时，当我灰心失落的时候，父亲一句"你还年轻"，让我顿感年近古稀的父亲对无声流逝的岁月的无奈与不甘，对生命常驻的渴望。所以，我，路虽艰难，但依然前行，这是对父母生命的延续。母亲一生为子女奉献，子女们所取得的任何成绩，都会使她欣慰不已。已是中年，可在父母眼里却永远年轻。为了父母也能永远年轻的生命，子女要努力。感谢我的弟妹，温厚良善，友好相处，使我的生命简单，明亮，饱满。感谢我的女儿，给我努力的方向和动力。

感谢陕西省社会科学基金对本研究的资助。

本书的部分内容曾刊载于《国外社会科学》、《同济大学学报》（社会科学版）、《宁夏社会科学》、《软科学》；本书的写作参考、借鉴了众多专家学人的研究成果，受益匪浅。在本书付梓印刷出版之际，对以上刊物编辑的辛勤劳动，对中国社会科学出版社编辑的辛苦工作，致以深深的感谢。

一串串感谢的名单，一声声感激的心语，道不尽涌动的感恩之情……

本书目前的研究，重在对现行征地行为中的不正义现象进行伦理批判，指出其中的不正义行为及其产生的原因，认为比制度建设更重要的是观念的建设与指导，强调制度建设要以正义观为指导，所以，在制度建设的技术层面，还有待深入探讨，继续关注征地制度改革的政策方针，所取得的成效以及产生的新问题，做进一步的研究。

鉴于本书作者能力所限，书中难免有疏漏、不足、错误，恳请同仁批评、指正，不胜感激。

马新文

癸巳年中秋于西安